Wirtschaft + Gesellschaft

Reihe herausgegeben von

Andrea Maurer, FB IV Soziologie, Universität Trier, Trier, Deutschland

Uwe Schimank, SOCIUM Forschungszentrum Ungleichheit und Sozialpolitik, Universität Bremen, Bremen, Deutschland

Wirtschaft und Gesellschaft ist ein wichtiges Themenfeld der Sozialwissenschaften. Daher diese Buchreihe: Sie will zentrale Institutionen des Wirtschaftslebens wie Märkte, Geld und Unternehmen sowie deren Entwicklungsdynamiken sozial- und gesellschaftstheoretisch in den Blick nehmen. Damit soll ein sichtbarer Raum für Arbeiten geschaffen werden, die die Wirtschaft in ihrer gesellschaftlichen Einbettung betrachten oder aber soziale Effekte des Wirtschaftsgeschehens und wirtschaftlichen Denkens analysieren. Die Reihe steht für einen disziplinären wie theoretischen Pluralismus und pflegt ein offenes Themenspektrum.

Weitere Bände in der Reihe http://www.springer.com/series/12587

Lukas Helbich

Inseln der Ökonomie

Zum Inselmythos der klassischen
Ökonomik

Lukas Helbich
Universität Gießen
Gießen, Deutschland

ISSN 2626-6156　　　　　ISSN 2626-6164　(electronic)
Wirtschaft + Gesellschaft
ISBN 978-3-658-29424-3　　ISBN 978-3-658-29425-0　(eBook)
https://doi.org/10.1007/978-3-658-29425-0

Die Deutsche Nationalbibliothek verzeichnet diese Publikation in der Deutschen Nationalbibliografie; detaillierte bibliografische Daten sind im Internet über http://dnb.d-nb.de abrufbar.

© Der/die Herausgeber bzw. der/die Autor(en), exklusiv lizenziert durch Springer Fachmedien Wiesbaden GmbH, ein Teil von Springer Nature 2020
Das Werk einschließlich aller seiner Teile ist urheberrechtlich geschützt. Jede Verwertung, die nicht ausdrücklich vom Urheberrechtsgesetz zugelassen ist, bedarf der vorherigen Zustimmung des Verlags. Das gilt insbesondere für Vervielfältigungen, Bearbeitungen, Übersetzungen, Mikroverfilmungen und die Einspeicherung und Verarbeitung in elektronischen Systemen.
Die Wiedergabe von allgemein beschreibenden Bezeichnungen, Marken, Unternehmensnamen etc. in diesem Werk bedeutet nicht, dass diese frei durch jedermann benutzt werden dürfen. Die Berechtigung zur Benutzung unterliegt, auch ohne gesonderten Hinweis hierzu, den Regeln des Markenrechts. Die Rechte des jeweiligen Zeicheninhabers sind zu beachten.
Der Verlag, die Autoren und die Herausgeber gehen davon aus, dass die Angaben und Informationen in diesem Werk zum Zeitpunkt der Veröffentlichung vollständig und korrekt sind. Weder der Verlag, noch die Autoren oder die Herausgeber übernehmen, ausdrücklich oder implizit, Gewähr für den Inhalt des Werkes, etwaige Fehler oder Äußerungen. Der Verlag bleibt im Hinblick auf geografische Zuordnungen und Gebietsbezeichnungen in veröffentlichten Karten und Institutionsadressen neutral.

Planung/Lektorat: Cori Antonia Mackrodt
Springer VS ist ein Imprint der eingetragenen Gesellschaft Springer Fachmedien Wiesbaden GmbH und ist ein Teil von Springer Nature.
Die Anschrift der Gesellschaft ist: Abraham-Lincoln-Str. 46, 65189 Wiesbaden, Germany

Vorwort: Inseln, Isolation, isolierende Abstraktion

„Eine der Obsessionen der Aufklärer bestand in der Herstellung steriler semantischer Räume."
„Als eine der möglichen narrativen Ausprägungen des Schemas von Zäsur und Neubeginn, das oft mit einem ausdrücklichen Akt des Vergessens einhergeht, wurde die Robinsonade erwähnt."
Albrecht Koschorke: *Körperströme und Schriftverkehr*, 2003, S. 427, 432

„Der Elan der Menschen, der ihn zu den Inseln zieht, wiederholt die doppelte Bewegung, die auch die Inseln hervorbringt. Von den Inseln träumen, ob mit Angst oder mit Freude, heißt davon träumen, daß man sich trennt, bereits getrennt ist, fern von den Kontinenten, daß man allein und verloren ist – oder aber träumen, daß man wieder bei Null beginnt, daß man neuerschafft, daß man von vorne anfängt."
Gilles Deleuze, *Die einsame Insel*, 2003, S. 11

„Inseln ragen nicht nur aus dem Wasser hervor, sondern ... auch aus den Texten der Wirtschaftstheorie." Sagt Lukas Helbich in der Einleitung, und die Leserin, der Leser sagt vielleicht: „So what?" Antwort: Die Insel als Topos ökonomischer Theoriebildung ist alles andere als eine harmlose Metapher.

Inseln sind *natürlich* isoliert, und *sub specie isolae* gewinnt Isolation auch in anderen Gefilden als der See den Rang des Natürlichen. Aus isolierter Natur wird Naturalisierung der Isolation. Robinsons Insel wird, beginnend mit Rousseaus einflussreicher Relektüre des Romans Daniel Defoes, zum Topos eines kollektiven Mythos insularer Reinheit, *in praxi* abgegrenzt gegen eine feindliche Umwelt, gegen Überschwemmung und Überflutung, in Theorielandschaften der Ökonomik gegen alles, was in die Insel namens *homo oeconomicus* einsickern könnte und immerzu einzusickern droht, zumal: Geschichte und Gesellschaft.

Jenseits aber einer *homo oeconomicus*-Kritik, die ja längst die Spatzen von den Dächern pfeifen, führt Helbich die ästhetischen und performativen Effekte des Inselmythos vor. Er zeigt, dass und wie dem metaphorischen Meer der Allmende via *enclosure* – Einfriedung und Privatisierung – Wiese und Ackerland als Eigentum abgewonnen werden; wie die Vorkämpfer wider die Armenfürsorge von Joseph Townsend bis Robert Malthus eine Isolation der Armen mit Argumenten propagierten, die heutzutage, etwa angesichts von Debatten um Grundsicherung und Sozialbetrug, ein Déjà-vu auslösen; wie das innere Band des Inselmythos zu Rassismus und Sklaverei geknüpft werden konnte (Freitag als *native*, Diener und Sklave); und wie schließlich noch in Thünens isoliertem Staat die Insel als Topos eines Urzustandes figurierte, mithin die „ursprüngliche Akkumulation" als Entstehung von Kapital aus einem Nullpunkt politischer Ökonomie, nämlich reiner Natur.

Wenn derart die Wirtschaft und die Wirtschaftswissenschaften unter einer kulturwissenschaftlichen Perspektive gesehen und studiert werden – „economics as culture", ein Programm, dem zu wünschen ist, dass es Pflichtprogramm wirtschaftswissenschaftlicher Forschung und Lehre würde –, wird die Abkunft scheinbar universeller, naturgegebener Abstraktionen von zutiefst politischen, von Kämpfen und Ausgrenzungen durchsetzten Gemengelagen sichtbar. Johann Heinrich von Thünens „isolierende Abstraktion" verliert ihre Unschuld, wenn man sieht, wie darin Kultivierung des Bodens in Inbesitznahme – Landnahme, gar koloniale Landnahme – übergeht, seit John Locke sattsam bekanntes Muster der Rechtfertigung von Privateigentum an Grund und Boden und zugehörigen Isolations-, Exklusions- und Kolonisationsrechten.

Thünens isolierter Staat gilt zu Recht als Vorläufermodell des Marginalprinzips der neoklassischen Ökonomik. Mit Helbich (S. 104) kann man sehen: „Zwischen der Vorstellung und Darstellung von Inseln in der klassischen ökonomischen Theorie und den zentralen Begriffen des neoklassischen Marginalismus besteht ein mythologischer (bzw. semiotropischer) Zusammenhang. Die kolonial- und sozialpolitisch geprägte Insellandschaft der klassischen Ökonomik hat vorgeblich neutrale, abstrakte neoklassische Modelle präfiguriert." Das rückt das neoklassische Denken in Begriffen von Grenzkosten und Grenzproduktivitäten, sein Denken der Grenze, in ein neues Licht, das nun nämlich auf das „Jenseits der Grenze" fällt. Hinter dem äußersten Rand des letzten Kreises der thünenschen Ringe, man kann sagen: jenseits des Gebiets mit gerade noch ausreichender (Grenz-)Produktivität, liegt die „absolute Grenze der Kultur" (Thünen), eine beinahe menschenleere Außenwelt. Solche *splendid isolation* steht in einem eigentümlichen Kontrast zu der Rolle, die das Jenseits Europas, von Robinsons Insel bis zu den mit angeblichen Wilden bevölkerten Kolonien, in den Inselmythen der Ökonomik gleichwohl spielt. Es ist, als ob das Jenseits der Ökonomie zugleich in den Rang eines Ursprungs erhoben *und* ausgelöscht wird, zur Leerstelle, zum endgültig marginalisierten weißen Fleck in der Landschaft der Ökonomik. Wenn Thünens Grenze der Kultur, so zitiert Helbich (S. 98) Paul Samuelson, zur „endogenuously determined external margin" wird, dann in einem kritischen Sinn, der Thünen und auch Samuelson fernlag.

Inselmythos der Ökonomik? Pate steht hier der kritische Mythosbegriff Roland Barthes', für den der Mythos es fertigbringt, geschichtlich Hervorgebrachtes als natürlich Gegebenes darzustellen. Das erläutert Helbich in einem klug gewählten ersten Kapitel anhand des „Mythos, wie Paris zur Insel wurde" – nämlich während einer großen

Überflutung der Stadt 1955, welcher der glänzenden Analyse Barthes' zufolge „von den Photos in der Presse, dem einzigen Medium, mittels dessen die Überschwemmung kollektiv konsumiert wird" (Barthes), mythische Qualität gegeben wurde – die Qualität natürlicher Formen, durch statische Bilder, in denen die Ursachen (Regenfälle, der Fluss, womöglich mangelhafte Vorkehrungen gegen die Flut) zum Verschwinden gebracht wurden: Isolation von Geschichte und Gesellschaft.

Man kann das kaum lesen, ohne an heutige Bilder der Überflutung von Inseln und Küsten, an reißende Flüsse in Italien, Frankreich, Spanien und anderswo zu denken – mit der Insel Venedig als (für Europa zur Zeit) paradigmatischem Fall. Ohne Entstehungsgeschichte erscheint die Katastrophe als natürlich, eine Position, deren Aktualität man in Zeiten der Präsidentschaft Donalds Trumps nicht weiter erläutern muss. Als Rousseau sagte: „Die Insel des menschlichen Geschlechts ist die Erde", hatte er das ganz anders gemeint. (S. 42; Näheres bei Deleuze, a.a.O., S. 76-81) Heute, angesichts eines weltweit ansteigenden Meeresspiegels erhält das Rousseau-Wort eine noch andere, ganz neue Bedeutung.

Land, das von Überflutung bedroht ist, wird zur Insel auch denen, denen es bisher noch als Festland gegolten hatte, als Kontinent. Im Lichte dieses Bildes drängen sich Assoziationen auf, die weit über das Reich der Wirtschaft und der Wirtschaftswissenschaften hinausführen. Es macht einen Unterschied, ob Eigentum als Insel im Meer aus Allmenden oder Allmenden als Inseln aufgefasst werden, die hinter dem Horizont eines Eigentumskontinents verschwinden; die *personae dramatis* als isolierte Individuen oder als politische Tiere; die Gegenwart isoliert oder hervorgebracht von Geschichte. Die „isolierende Abstraktion" des naturwissenschaftlichen Experiments baut Dämme gegen „störende Einflüsse". Die aus Philosophie, Rechtswissenschaft und Soziologie bekannten Reinheitsfiktionen – nicht nur Rousseaus, sondern auch Hobbes' ganz anderer Naturzustand, Max Webers Idealtyp, Rawls' „veil of ignorance", Habermas' ideale Sprechsituation, Chester Barnards Organisationspersönlichkeit, um nur einige zu nennen – fungieren als Inseln reiner Theorie. Und jedes Mal ist die Frage, ob es sich dabei, um in Bilde zu bleiben, um Land*entdeckung, -gewinnung* à la Faust II oder um Land*nahme* handelt.

Andere Insellandschaften: Bruno Latour hat die soziale Welt mit einem „riesigen Ozean" verglichen, auf dem „Inseln stabilisierter Formen" schwimmen. Niklas Luhmann hat soziale Systeme als „Inseln geringerer Komplexität in der Welt" bezeichnet, gebildet durch Innen-Außen-Differenzierung (*Soziologie als Theorie sozialer Systeme*, 1967). Besonders Organisationen hat er dann als Einrichtungen der Ungewissheitsabsorption und näherhin der Interdependenzunterbrechung gerühmt, man darf wohl sagen: als Schutz gegen die Fluten der Komplexität, Ungewissheit und Effektkaskaden in einer Welt, in der alles mit allem zusammenhängt. Unternehmen zumal profitieren von ihrer Isolierung von der Umwelt, soweit es – externalisierte – Umweltkosten betrifft, eine Interdependenzunterbrechung ganz eigener Art. Michel de Certeau hat, in dem schönsten mir bekannten Seestück (Writing the Sea: Jules Verne, in: *Heterologies. Discourse on the*

Other, Fourth Printing 1995, S. 137-149), dargetan, wie die Leere der Welt mit Wörtern – und besonders auch mit Namen, hier: Namen für Inseln – gefüllt wird und wie auf diese Weise der Raum mit Bedeutung markiert und so „erobert" wird: Nomination als (Exorzismus und) Kolonisation, „to catch the island up in the net of these names of belonging". Wieder changiert das zwischen Entdeckung und Eroberung, mit Inseln, auf denen/an denen die Reisenden Halt finden können, Ruhe und Rast – und womöglich Paradiese wie Vernes Tahiti?

„Die Insel des menschlichen Geschlechts ist die Erde"? Das galt bei Rousseau einem (unwiederbringlichen) Idealzustand à la Robinson Crusoe und seiner vermeintlich unberührten Insel. Daraus wird im naturwissenschaftlichen Experiment und in den Theoriefiktionen von Philosophie und Sozialwissenschaften ein epistemologisches Ideal, unentbehrlich für wissenschaftliche Fokussierung, aber, wie man sieht, keineswegs harmlos. Lukas Helbichs Buch handelt davon, wovon die respektiven isolierenden Abstraktionen isolieren – vom Festland, von den Weiten des Meeres, und davon, wie Inseln sich (etwa in Archipelen) verbinden, Topos der Vernetzung.

Günther Ortmann

Einleitung: Verortung

Die europäische Rede von der Insel hat, spätestens seit der Aufklärung, aus der Insel den Mythos eines, mal einsamen und abgelegenen, mal wilden und natürlichen, mal kleinen und übersichtlichen, mal reinen und kontrollierbaren Raumes geformt, wahlweise abseits von Staat und Politik, Kultur und Geschichte, sozialer und ökologischer Komplexität. Die ökonomische Theorie hat ihren Teil zu diesem Mythos beigetragen und sie hat den Inselmythos für ihre epistemischen und politischen Ziele ausgebeutet. Seit den Anfängen der Wirtschaftswissenschaften tauchen Inseln immer wieder in deren Theorien auf. Umso mehr überrascht es, dass diese Repräsentationen der Insel in der Theoriegeschichte der Ökonomik bisher wenig Beachtung fanden. Ihr Auftauchen in den Theorien ist aus mindestens zweierlei Gründen brisant, die zugleich das Forschungsfeld umreißen, in dem sich die vorliegende Arbeit positioniert. Erstens formt die theoretische Darstellung der Wirtschaft durch die Wirtschaftswissenschaften das Verständnis dessen, was Wirtschaft ist, wie die Ökonomie funktioniert und welche Rolle sie im Kontext der Gesellschaft spielt. Darüber gibt die kulturwissenschaftliche Erforschung der Ökonomik Aufschluss. Zweitens beeinflusst die theoretische Konstitution der Ökonomie wirtschaftliches und wirtschaftspolitisches Handeln. Hier kommen Ästhetik und Performanz zusammen.

„Economics as Culture" kann man mit dem Anthropologen Stephen Gudeman ein Forschungsprogramm nennen, dem es um die Erforschung von Wirtschaft (Ökonomie) und Wirtschaftswissen(schaften) (Ökonomik) aus kulturwissenschaftlicher Perspektive zu tun ist. Fokuspunkt und Grundannahme dieser Perspektive ist die soziokulturelle Konstruiertheit von Ökonomik und Ökonomie mittels Modellen und Metaphern.[1] In Gudemans

---

[1]Gudeman (1986); Umgekehrt wurde davor gewarnt, Kultur mithilfe ökonomischer Metaphern zu untersuchen: „The totalizing impulse within economic theory, the persuasiveness of the metaphorical treatment of culture as an economy by cultural theorists should be approached with some caution. If culture is nothing but the marketplace—even though this marketplace is now conceptualized in terms of symbolic economies—only questions and positions consonant with the economic field and its paradigms can be asked or assumed." Koritz und Koritz (1999, S. 345). Die Analyse von Wirtschaft als Kultur muss also darauf achten, Kultur nicht wiederum als Wirtschaft, und dann Wirtschaft tautologisch und, wenn überhaupt, bloß noch eingeschränkt kritikfähig zu behandeln.

Programm ist, wenn auch nur im Ansatz, die Möglichkeit angelegt, die universellen Modelle der modernen, westlichen Ökonomik auf ihre epistemisch konstitutive, „lokale" Metaphorizität zu untersuchen. Der Autor selbst will diese Perspektive gleichwohl in einer dichotomen Unterscheidung primär und vorschnell für die Analyse traditioneller nichtwestlicher Ökonomien reservieren.[2] Unter anderem David Ruccio hat die Analyse und Kritik der Darstellung und Herstellung der Ökonomie durch die Mainstream-Ökonomik weiter vorangetrieben.[3] Die Wissenssoziologie der Wirtschaftswissenschaften hat ebenfalls auf die „strukturierende[...] Kraft des Sprechens über Ökonomie" hingewiesen, die durch ihre „spezifische Weltsicht auf die institutionelle Gestaltung des Kapitalismus ein[wirkt] und [...] auf diesem Wege erhebliche materiale Konsequenzen [zeitigt]".[4] Auch die Ökonomik, namentlich Deirdre McCloskey, hat sich ihrer problematischen, zugleich unvermeidlichen „Rhetorik" gewidmet.[5]

Mittels kultureller und somit politischer Formen versichert sich die Ökonomik ihres Forschungsgegenstandes und ihrer selbst, das heißt auch: „Es *gibt* das Ökonomische nicht – sondern diese ontologische Gewissheit muss verfertigt werden. Auf dem Spiel stehen damit also auch die Bestimmung dessen, was überhaupt als ‚ökonomisch' gelten kann, das heißt, wo die Grenzen des Ökonomischen verlaufen, sowie die kulturellen und politischen Formen, die zur Wirkmächtigkeit dieser Grenzen führen."[6] Der Insel soll sich im Folgenden unter anderem als eine solche Form genähert werden, die einem abstrakten Begriff konkrete Präsenz verleiht.[7]

Des Weiteren ist die Ausstattung der Wirtschaft mit den Konturen des Inselmythos brisant, weil sich das theoretische Verständnis der Ökonomie performativ auf wirtschaftliches und wirtschaftspolitisches Handeln auswirkt. Besondere Relevanz kommt dem Forschungsfeld der „Ökonomik als Kultur" deswegen zu, weil sozialwissenschaftliche Theorie, auch und gerade volkswirtschaftliche, ihren Gegenstand vermittels dessen aisthestischer (d. h. ästhetischer) Darstellung performativ beeinflussen.[8]

---

[2]vgl. Gudeman (1986, S. vii–ix).

[3]Ruccio (2008); auch im deutschsprachigen Raum wird an der Kritik ökonomischer Repräsentationen gearbeitet, vgl. Klein und Windmüller (2014); Echterhölter (2013a, S. viii–ix).

[4]Pahl (2010, S. 254).

[5]vgl. McCloskey (1998); Morgan (2001); Strassmann (1993).

[6]Stäheli (2008, S. 299).

[7]vgl. Scholl (2014).

[8]Iris Därmann zeigt für die Politik der politischen Philosophie, was im Folgenden auch für die ökonomische Theorie gezeigt werden wird: „Es zeugt von der Unumgänglichkeit einer (Re-)Präsentation ‚der' Gesellschaft, daß die philosophische Politik niemals ohne die Besetzung einer bestimmten Aisthesis ausgekommen ist. Ästhetik in der weiten Bedeutung des griechischen Wortes (und nicht als Kunsttheorie und Form der Reflexion auf den autonomen Status der Kunst) ist konstitutiv sowohl für die Herausbildung des Politischen als auch für die Hervorbringung einer je spezifischen Politik.", Därmann (2009, S. 31); Susanne Lüdemann hat methodologisch fundiert aufgezeigt, wie die metaphorische Darstellung der Gesellschaft in der soziologischen Theorie ein soziales Imaginäres performativ realisiert; Lüdemann (2004).

Einleitung: Verortung

Wie Michel Callon immer wieder betont, ist die Ökonomie in die theoretischen Modelle und Methoden der Ökonomik eingebettet, die „performs, shapes and formats the economy, rather than observing how it functions".[9] Das gilt nicht nur für die Ökonomik des 20. und 21. Jahrhunderts, sondern schon für ihre Anfänge. Joseph Vogl spricht in diesem Zusammenhang vom poetischen „Interventionswissen" der Ökonomik.[10] Selbst konzedierte sich die Ökonomik ihre Performanz unter anderem im Rahmen der Finanzkrise in Form der Diagnose einer theoretischen und prognostischen Fehlleistung ihrer neoklassischen Theorien, mit katastrophalen Folgen.[11]

Es scheint mit dem Fokus auf den performativen Einfluss von Theorien auf Akteur*innenhandeln und die immer noch aktuelle Krise der Ökonomie und neoklassischen Ökonomik einherzugehen, dass bisher vor allem die ästhetische Konstituierung und Funktion der ökonomisch Handelnden Homines oeconomici und ihrer Praktiken des Kalkulierens oder Messens erforscht wurde, und das vor allem mit Blick auf einschlägige neoklassische Wirtschaftstheorien. Die historischen Räume der klassischen Ökonomik, in denen ökonomische Menschen ab Mitte des 18. Jahrhunderts verortet wurden, in denen sie gewissermaßen rechnen und messen lernten, die Landschaften, die wirtschaftliche Handlungen als wirtschaftlich definieren und strukturieren und umgekehrt von diesen Handlungen abgesteckt und strukturiert werden, wurden hingegen nur selten vermessen.[12] Die im Wortsinn *prominentesten* dieser Landschaften sind Inseln. Inseln ragen nicht nur aus dem Wasser hervor, sondern, wie die folgenden Kapitel zeigen werden, auch aus den Texten der Wirtschaftstheorien.

Der folgende Text erkundet diesen bis heute kaum kartographierten Topos der ökonomischen Theorie. Der Fokus liegt auf ausgewählten Theorien der klassischen Ökonomik. Diese lässt sich ungefähr zwischen 1750 und 1850 verorten.[13] Vier Fälle, vier theoretische Texte sind Gegenstand der folgenden Untersuchungen. In den zu behandelnden Texten verschaffen verschiedene Variationen des Inselmythos an den Oberflächen und, das gilt es unter anderem zu zeigen, in den Tiefen der Theorien einer damals noch jungen Wissenschaftsdisziplin Orientierung. Die Fallstudien behandeln folgende Fragen: An welchen Stellen tauchen Inseln im Theoriedesign auf? Welchen Aspekten der Insel schreiben die Theorien besondere Bedeutung zu, welche Aspekte treten in den Hintergrund, werden verschwiegen, vergessen, eskamotiert? Welche

---

[9]Callon (1998, S. 2).

[10]Vogl (2002, S. 13).

[11]vgl. etwa die Kritik des Neukeynesianers Stiglitz (2009, S. 293 ff.); Kirman (2010).

[12]Aufgefallen ist das auch dem Geographen David Harvey, vgl. Harvey (2006, S. 234 ff.); vgl. jedoch die ausführlichen Studien zur Geschichte der Entstehung und Transformation des Marktraumes in der französischen Wirtschaftstheorie des 17. und 18. Jahrhunderts von Dockès (1990); zum auflebenden Interesse der Kulturwissenschaft am Raum vgl. Böhme (2012); und Echterhölter und Därmann (2013); Joseph Vogl (2002, S. 185–207), belegt die wissenspoetologische Zentralität von Inselräumen im neuzeitlichen Roman und den ihn begleitenden frühen Ökonomiken.

[13]vgl. Stavenhagen (1969, Kap. 2).

theoretischen und mitunter politischen Funktionen erfüllen die auf diese Weise abgezirkelten Inseltopoi? Welche Bilder von Wirtschaft und Insel werden dadurch gezeichnet?

Die Navigation durch die Theorien und ihre Inseltopoi, -diskurse, -modelle, -metaphern und -beispiele soll mithilfe eines an Roland Barthes' Mythentheorie orientierten, methodischen ‚Instrumentariums' gelingen.[14] Dieses wird zusammen mit einer methodologischen Reflexion im ersten Kapitel der Arbeit eingeführt. Ich stütze mich einerseits auf Barthes' Entwurf einer semiologischen Mythologie, mit dem er seine „Mythen des Alltags" abschließt. Andererseits ergänze ich diesen ersten Entwurf um spätere Überlegungen Barthes', die seine Mythologie für die Analyse der Texte wissenschaftlicher Theorien fruchtbar machen sollen. So kann die Mythologie als Methode zur historischen Analyse ökonomietheoretischer Ästhetik und wirtschaftswissenschaftlichen Wissens ausgebaut werden. Barthes Text „Wie Paris nicht unterging" und die dazugehörigen Zeitungsbilder dienen als Ausgangspunkte der Methodologie.[15] Hier kreuzt die methodische Frage nach der Performanz von Mythen im Allgemeinen die inhaltliche Frage nach der Darstellungsweise von Inselmythen im Besonderen.[16]

Das zweite Kapitel behandelt die Frage nach der Vorprägung von Inselmythen durch räumliche Besonderheiten von Inseln und nach der weiteren Formung dieses Raumes durch seinen darstellerischen Gebrauch. Ein Überblick über den Forschungsbereich der jüngeren Island Studies, sowie der Vergleich von vornehmlich ozeanischen mit vornehmlich europäischen Perspektiven auf Inseln verdeutlicht, dass Inseln sowohl als Zeichen für Vernetzung als auch Isolation fungieren können. Dadurch, dass die Island Studies und postkoloniale Perspektiven den Vernetzungsaspekt betonen, grenzen sie sich zugleich kritisch gegen den überwiegend isolationistischen Inselmythos aus der Zeit der europäischen Aufklärung und des Kolonialismus ab. In diesem Zeit- und Inselraum siedeln sich auch die Überlegungen der klassischen Ökonomik und ihrer Vorreiter an.

Das dritte Kapitel analysiert einen populären, wenn nicht sogar den entscheidenden, dieser Vorreiter. Es widmet sich dem Roman *Robinson Crusoe* von 1719, vor allem dessen wirtschaftswissenschaftlicher Rezeptionsgeschichte, in deren Folge der nunmehr auch in der Ökonomik etablierte Zusammenhang von einsamer Insel und Ökonomie in der Theoriegeschichte verzeichnet werden kann. Daniel Defoes Roman wurde seit

---

[14]Mein Dank gilt dem Kolloquium unter Leitung von Iris Därmann für den Hinweis auf die epistemologischen Funktionen von Beispielen. Auch die mythologischen Fallstudien tangieren die „Epistemologie des Exemplarischen". Zum einen bilden die Fälle Beispiele für die Triftigkeit der These dieser Arbeit und die Relevanz des Themas. Zum anderen fungieren in den Fällen selbst Inseln oft als „Ausgangs[-...]" bzw. „Belegbeispiele" und als normative „Exempla". vgl. Ruchatz et al. (2007).

[15]Barthes (2010a).

[16]Zur kritischen Bestärkung in der Wahl der Methode und Hinweisen zur Entwicklung einer kulturwissenschaftlichen Methodologie aus dem Objekt der Methode danke ich Andreas Gehrlach ebenso wie für die Bereitstellung der bebilderten Ausgabe von Barthes Mythologien, Barthes (2010b).

Rousseau gezielten Fehllektüren unterzogen, die die Motive der Isolation, des Naturzustandes und des methodischen Individualismus auf Kosten anderer Bedeutungen des Inselzustandes und Sinnzusammenhängen im Roman hervorgehoben haben. Von Crusoes einsamer Insel werden zwei Abstecher in die englische Ökonomik unternommen.

Einer führt im vierten Kapitel zu Joseph Townsends normativer Konzeption eines naturgegebenen Gleichgewichts in der Wirtschaftsordnung, die er 1786 gegen die Armengesetze in England ins Feld führt. Schauplatz seiner Argumentation ist unter anderem die „Isla Robinson Crusoe". Den dortigen Konkurrenzkampf von Ziegen und Hunden um knappe Nahrungsressourcen überträgt Townsend unumwunden auf die Lage der Armen in seiner Heimat. Die Ergebnisse sind nicht nur eine infame Anthropologie, sondern auch die liberalistische Ökonomik einer sich selbst nach den Gesetzen des Marktes regulierenden Inselwirtschaft und eine insulare Apologie der Sklaverei.

Das fünfte Kapitel geht mit Thomas Robert Malthus bei Tahiti vor Anker. Die Insel diente ihm seit 1803 als Weltallegorie, epistemisches Instrument und paradigmatischer Topos seiner Bevölkerungsökonomik. Andere Inseln, die zu offensichtlich in den Nexus des Sklavenhandels verstrickt waren, blendete Malthus aus. Wie Townsend verfolgte Malthus mit seiner Theorie neben wissenschaftlichen auch politische Interessen.

Den vierten Fall und damit den Inhalt des sechsten Kapitels liefert die Theorie des deutschen Agrarökonomen Johann Heinrich von Thünen. Zum einen situiert Thünen seinen Gründungsmythos der Ökonomie und deren Entwicklungsgeschichte auf Tahiti. Zum anderen entwirft er sein liberalistisches Modell des isolierten Staates, das eine marktwirtschaftliche Raumordnung idealisiert und mathematisiert, als abstrakte Insel. Thünens räumliches Inselmodell wird auch in seiner Rolle als Denkbild der modernen Grenzkostenökonomik analysiert.

Inhaltsverzeichnis

1	**Barthes' Mythologie**	1
	Der Mythos, wie Paris zu Inseln wurde	2
	Ökonomie der Überschwemmung	14
	Epistemologie der Überschwemmung	16
	Mythologie heute	17
	Elemente einer Definition des Mythos	18
	Mythologie des wissenschaftlichen Sprechens und der Landschaft der Theorie	23
2	**Die Möglichkeit einer Insel, die Möglichkeiten von Inseln**	27
	Vernetzte Inselwelt und Inselmeer	29
	Isolierte Insel-Welt	31
3	**Schiffbruch mit Zuschreibung. Zur Konfiguration der ökonomischen Robinson-Crusoe-Welt**	35
	Von Robinson Crusoe zum Homo oeconomicus	36
	Rousseaus Robinson	38
	Von Robinsons Insel zum Locus oeconomicus	42
	Nominelle Ambivalenz	43
	Epistemologische Ambivalenz	45
	Isolationsmaßnahmen: *Enclosure*	46
	Zwischenraum: Rassismus	49
	Ausblick auf ein Bevölkerungsproblem	50
4	**Selkirks Insel, Robinsons Insel, Townsends Insel**	53
	Isolation der Armen. Townsend gegen die Poor Laws	56
	Insulare Topologie als natürliche Ordnung und göttliche Schöpfung	57
	Invasive Ökonomie: Die Vermarktung der Insel	62
	Inversion der Invasion	63
	Enclosure: Entbettung als Verinselung der Wirtschaft	66

5 Die Geburt des Bevölkerungsgesetzes aus dem Geist der Insel. Zu den Grenzen von Malthus' Populationsökonomik 69
   Inseln als Topos der Theoriebildung 71
   Insel als Instrument der Theoriedemonstration 73
   Der Inselmythos Tahiti 76
   Reverend Malthus gegen Abbé Raynal 77
   Tahitis Bevölkerungsproblem: Fortpflanzung und Nahrung 79
   Tahitis Bevölkerungsstatistik: *Great Fluctuations, Small Pocks* 81
   An der Grenze leben 83
   Karibik und Sklavenhandel 85

6 Johann Heinrich von Thünens „Isolierter Staat" 89
   Insulare Ursprünge des Kapitals 90
   Europäische und tropische Topologie 91
   Isolierende Abstraktion 94
   Topologie und Topographie des isolierten Staates 94
   Chronotopologie des isolierten Staates 98
   Ausgrenzung der ‚Wildnis' 101
   Thünen an der Grenze: Zur Neoklassik 103

Rückblicke auf Mythen, Ausblicke auf Gegenmythen 105

Literatur 109

Abbildungsverzeichnis

Abb. 1.1	Fotos der Pariser Flut 1955 aus Paris Match. In: Barthes, Roland (2010): Mythologies, Hrsg. Jacqueline Guittard. Paris. Dort: 68 ff.; ursprünglich in: Paris Match (1955), n 305, 29. Januar. . . .	2
Abb. 1.2	Fotos der Pariser Flut 1955 aus Paris Match. In: Barthes, Roland (2010): Mythologies, Hrsg. Jacqueline Guittard. Paris. Dort: 68 ff.; ursprünglich in: Paris Match (1955), n 305, 29. Januar..	3
Abb. 1.3	Fotos der Pariser Flut 1955 aus Paris Match. In: Barthes, Roland (2010): Mythologies, Hrsg. Jacqueline Guittard. Paris. Dort: 68 ff.; ursprünglich in: Paris Match (1955), n 305, 29. Januar..	4
Abb. 1.4	Fotos der Pariser Flut 1955 aus Paris Match. In: Barthes, Roland (2010): Mythologies, Hrsg. Jacqueline Guittard. Paris. Dort: 68 ff.; ursprünglich in: Paris Match (1955), n 305, 29. Januar..	5
Abb. 1.5	Fotos der Pariser Flut 1955 aus Paris Match. In: Barthes, Roland (2010): Mythologies, Hrsg. Jacqueline Guittard. Paris. Dort: 68 ff.; ursprünglich in: Paris Match (1955), n 305, 29. Januar..	6
Abb. 1.6	Fotos der Pariser Flut 1955 aus Paris Match. In: Barthes, Roland (2010): Mythologies, Hrsg. Jacqueline Guittard. Paris. Dort: 68 ff.; ursprünglich in: Paris Match (1955), n 305, 29. Januar..	7
Abb. 1.7	Fotos der Pariser Flut 1955 aus Paris Match. In: Barthes, Roland (2010): Mythologies, Hrsg. Jacqueline Guittard. Paris. Dort: 68 ff.; ursprünglich in: Paris Match (1955), n 305, 29. Januar..	8
Abb. 1.8	Fotos der Pariser Flut 1955 aus Paris Match. In: Barthes, Roland (2010): Mythologies, Hrsg. Jacqueline Guittard. Paris. Dort: 68 ff.; ursprünglich in: Paris Match (1955), n 305, 29. Januar..	9
Abb. 1.9	Fotos der Pariser Flut 1955 aus Paris Match. In: Barthes, Roland (2010): Mythologies, Hrsg. Jacqueline Guittard. Paris. Dort: 68 ff.; ursprünglich in: Paris Match (1955), n 305, 29. Januar..	10
Abb. 1.10	Fotos der Pariser Flut 1955 aus Paris Match. In: Barthes, Roland (2010): Mythologies, Hrsg. Jacqueline Guittard. Paris. Dort: 68 ff.; ursprünglich in: Paris Match (1955), n 305, 29. Januar..	11

Abb. 1.11	Fotos der Pariser Flut 1955 aus Paris Match. In: Barthes, Roland (2010): Mythologies, Hrsg. Jacqueline Guittard. Paris. Dort: 68 ff.; ursprünglich in: Paris Match (1955), n 305, 29. Januar..	12
Abb. 1.12	Barthes' mythologisches Schema. In: Barthes, Roland (2010): Der Mythos heute, in: Mythen des Alltags, Frankfurt a. M., S. 249–316. Dort: 259	19
Abb. 4.1	Karte der Insel Juan Fernández. In: Hack, William (1684): Map of Juan Fernández, in: Captain Bartholomew Sharp's South Sea Waggoner, or a chart of South America, containing 135 maps and drawings of the appearance of the Western Coast from Acapulco to Cape Horn, carefully sketched on a large scale, Wapping, S. 269–270. Dort: 270. Online: https://www.bl.uk/collection-items/map-of-juan-fernandez-in-william-hacks-south-sea-waggoner-1684), Zugriff: 08.10.2018	55
Abb. 5.1	James Cooks Karte der Insel Tahiti. In: Bashford et al. (2016): The New Worlds of Thomas Robert Malthus: Rereading the Principle of Population, Princeton. Dort: 153	82
Abb. 6.1	Thünens Diagramm des isolierten Staates. In: Johann Heinrich von Thünen (1910): Der Isolierte Staat in Beziehung auf Landwirtschaft und Nationalökonomie, Jena. Dort: 387	97

Barthes' Mythologie

1

Mithilfe von Roland Barthes' Methode der Mythologie soll die Frage nach der Performanz von Mythen im Allgemeinen und insbesondere von Landschaften der Theorie in der Wissenschaft behandelt werden. Außerdem geht es in Barthes' Mythologie von Anfang an um Aspekte mythischer Insellandschaften. Ein Blick auf diese Aspekte öffnet jenen Raum der Bedeutungen der Insel, dessen Schließungsversuche sich im Verlauf der Arbeit zeigen werden. Es erfolgen also eine methodologische und methodische Grundlegung sowie eine erste Verzeichnung möglicher Problemfelder und inhaltlicher Ankerplätze der später folgenden Theorielektüren. Zunächst jedoch ist wenig Land in Sicht.

Ende Januar 1955 ließen starke Regefälle die Seine über die Ufer treten. Wieder einmal war Paris überflutet. Wieder einmal war die Île-de-France zu einem Inselraum transformiert. In den Medien korrespondierte mit den Wassermassen eine Flut von Bildern dieses Inselraums. Die illustrierte Wochenzeitschrift *Paris Match* veröffentlichte am 29. Januar eine Reihe eindrucksvoller Fotos von den Folgen der Überschwemmung[1] (Abb. 1.1, 1.2, 1.3, 1.4, 1.5, 1.6, 1.7, 1.8, 1.9, 1.10 und 1.11). Die Bilder zeigen Evakuierungsmaßnahmen; zwei Angler, die ihre Ruten auswerfen, wo sonst Straßen sind; Masten, Laternen und Mauern, die über die Wasseroberfläche ragen, andere Wälle und Dämme aus Sandsäcken und Pflastersteinen, die zum Schutz vor den Fluten errichtet wurden; Anwohner*innen, die mit gesenktem Blick über aufgebockte Stege spazieren, die die Straßenzüge neu verbinden; ein Kind, das beinahe leichtfüßig auf einer Planke balanciert, ein anderes, das lachend mit seiner Familie in einem Boot sitzt; weitere Boote, die zwischen den Häusern über die Straßen gelenkt werden und eine Barke,

---

[1] Die Bilder sind allesamt in der illustrierten Ausgabe von Barthes „Mythologies" abgedruckt: ebd., 68 ff.

© Der/die Herausgeber bzw. der/die Autor(en), exklusiv lizenziert durch Springer Fachmedien Wiesbaden GmbH, ein Teil von Springer Nature 2020
L. Helbich, *Inseln der Ökonomie*, Wirtschaft + Gesellschaft,
https://doi.org/10.1007/978-3-658-29425-0_1

Abb. 1.1 Fotos der Pariser Flut 1955 aus Paris Match. In: Barthes, Roland (2010): Mythologies, Hrsg. Jacqueline Guittard. Paris. Dort: 68 ff.; ursprünglich in: Paris Match (1955), n 305, 29. Januar

mit der Soldaten Teile der Bevölkerung ins Trockene bringen. Die einzigen Innenaufnahmen präsentieren einen Priester, der seine Kirche durchschifft. Vieles vom Wasser Umschlossene, ein Friedhof, Wohnhäuser und ihre Insassen, ein ganzes Dorf, wurde aus der Vogelperspektive ins Bild gesetzt. Friedhofsmauer, Gartenzaun und Deich werden aus diesem Blickwinkel zu unübersehbaren Kennzeichen der Wasserlandschaft. Vom Flugzeug aus wird anschaulich, dass Paris nicht unterging, sondern zu Inseln wurde. Der Blick findet an diesen Inseln Halt, die aus der oft spiegelglatten Wasseroberfläche hervorstehen (Abb. 1.1, 1.2, 1.3, 1.4, 1.5, 1.6, 1.7, 1.8, 1.9, 1.10 und 1.11).

Der Mythos, wie Paris zu Inseln wurde

Mit den Fotografien und den wenigen anbei gestellten Textelementen vermittelt die Zeitung ihren Leser*innen ein bestimmtes Bild der Flut und der Relation von Land und Wasser. Diesem Bild und seinen Bildern widmet sich ein berühmter Zeitgenosse der Ereignisse vom Pariser Winter 1955. In seinen „Mythen des Alltags" beschreibt Roland Barthes, neben zahlreichen anderen Miniaturen, den massenmedialen und damit

Abb. 1.2 Fotos der Pariser Flut 1955 aus Paris Match. In: Barthes, Roland (2010): Mythologies, Hrsg. Jacqueline Guittard. Paris. Dort: 68 ff.; ursprünglich in: Paris Match (1955), n 305, 29. Januar

Abb. 1.3 Fotos der Pariser Flut 1955 aus Paris Match. In: Barthes, Roland (2010): Mythologies, Hrsg. Jacqueline Guittard. Paris. Dort: 68 ff.; ursprünglich in: Paris Match (1955), n 305, 29. Januar

Der Mythos, wie Paris zu Inseln wurde

Abb. 1.4 Fotos der Pariser Flut 1955 aus Paris Match. In: Barthes, Roland (2010): Mythologies, Hrsg. Jacqueline Guittard. Paris. Dort: 68 ff.; ursprünglich in: Paris Match (1955), n 305, 29. Januar

kollektiven Mythos „Wie Paris nicht unterging".[2] „[I]ch spreche von den Photos in der Presse, dem einzigen Medium, mittels dessen die Überschwemmung wirklich kollektiv konsumiert wird", bemerkt Barthes.[3] Der Historikerin Jacqueline Guittard ist es zu verdanken, dass Barthes' Analyse um jene soeben beschriebenen Fotos aus *Paris Match* ergänzt wurde, die Barthes vor Augen standen und von denen er spricht, ohne sie zu zeigen.[4]

„Trotz [malgré] der Behinderungen und Schäden, die sie für Tausende von Parisern bedeutete", so hebt Barthes an, „hatte die Überschwemmung vom Januar 1955 mehr von einem Fest als von einer Katastrophe."[5] Der Einleitungssatz deutet an, um welche implizite Frage es Barthes bei der Beschreibung der massenmedialen Darstellung der Überschwemmung gehen könnte: Wie konnte unter den katastrophalen Umständen der

---

[2]Barthes (2010a).
[3]ebd., S. 78; vgl. Ette (2013a, S. 35 f.).
[4]vgl. Barthes (2010b, S. 68 ff.); Guittard (2006).
[5]Barthes (2010a, S. 77). Die französischen Einschübe entstammen hier und im Folgenden der französischen Originalausgabe, vgl. Barthes (2005a).

Abb. 1.5 Fotos der Pariser Flut 1955 aus Paris Match. In: Barthes, Roland (2010): Mythologies, Hrsg. Jacqueline Guittard. Paris. Dort: 68 ff.; ursprünglich in: Paris Match (1955), n 305, 29. Januar

Der Mythos, wie Paris zu Inseln wurde

Abb. 1.6 Fotos der Pariser Flut 1955 aus Paris Match. In: Barthes, Roland (2010): Mythologies, Hrsg. Jacqueline Guittard. Paris. Dort: 68 ff.; ursprünglich in: Paris Match (1955), n 305, 29. Januar

Abb. 1.7 Fotos der Pariser Flut 1955 aus Paris Match. In: Barthes, Roland (2010): Mythologies, Hrsg. Jacqueline Guittard. Paris. Dort: 68 ff.; ursprünglich in: Paris Match (1955), n 305, 29. Januar

Flut dennoch der eigentümliche Eindruck von Festlichkeit entstehen? Eine Antwort auf diese Frage findet Barthes in der Wirkung der Bilder und Texte von *Paris Match*. Bei deren Beschreibung nimmt er die Position der Leser*innen ein, um den Effekt der Bilder zu verstehen.

Der französische Semiologe arbeitet zunächst das „Fest" als übergeordnetes Motiv der Überschwemmungsdarstellung und Gegenpart der Naturkatastrophe heraus.[6] Damit meint Barthes weniger ein rauschendes Fest als vielmehr eine positiv konnotierte, soziale Ausnahmesituation, die auf ihre Betrachter*innen zwar befremdlich, aber nicht beunruhigend wirkt.[7] Mittels einer medial etablierten, visuellen Ästhetik befremdet die Darstellung der Überschwemmung die Gewohnheit der Leser*innen, das in Anführungszeichen gesetzte „Natürliche", nur so weit, dass ein außergewöhnlicher, nicht aber ein unheimlicher Eindruck entstehen kann:

---

[6]Barthes (2010a, S. 77).
[7]vgl. Ette (2013a, S. 11, 14).

Der Mythos, wie Paris zu Inseln wurde

Abb. 1.8 Fotos der Pariser Flut 1955 aus Paris Match. In: Barthes, Roland (2010): Mythologies, Hrsg. Jacqueline Guittard. Paris. Dort: 68 ff.; ursprünglich in: Paris Match (1955), n 305, 29. Januar

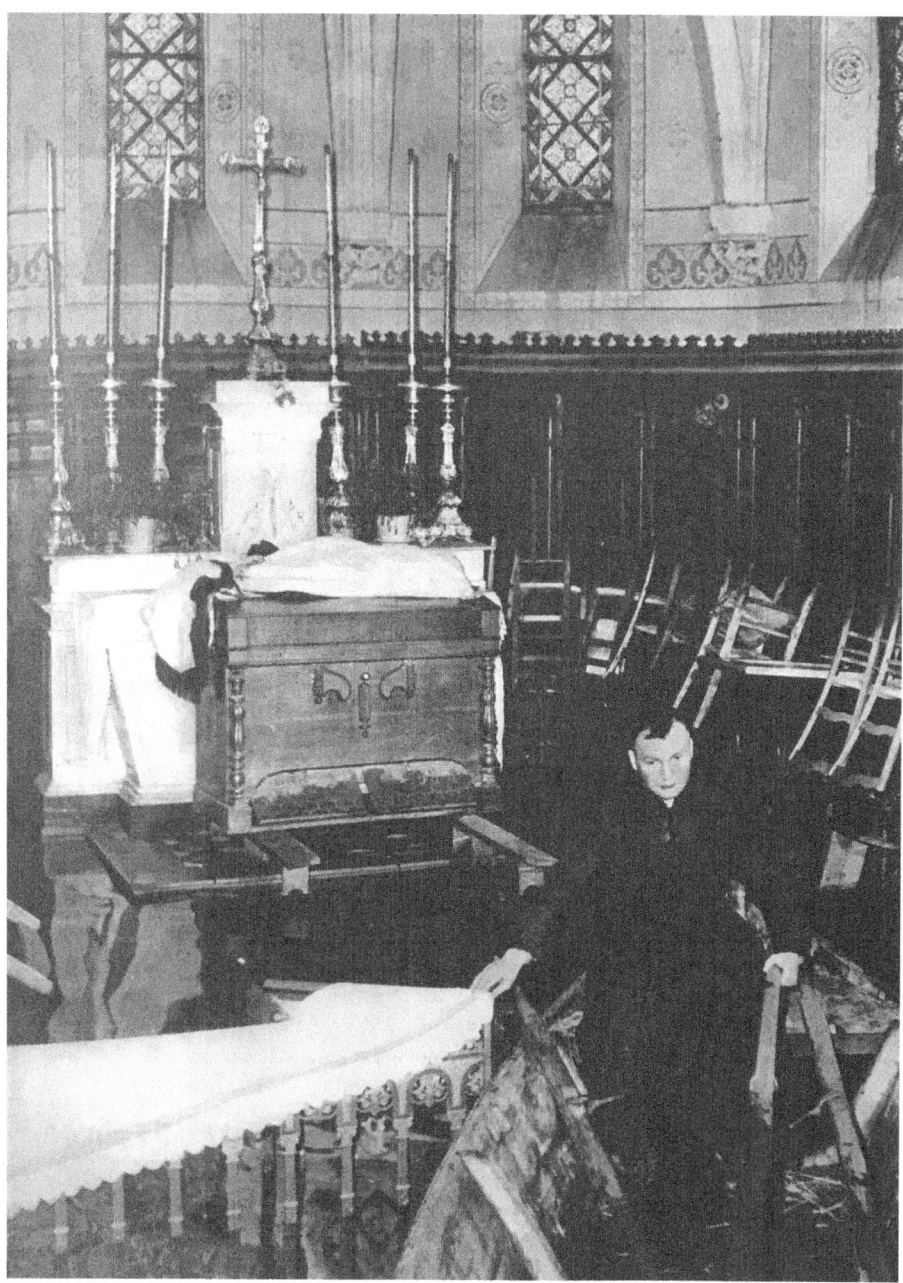

Abb. 1.9 Fotos der Pariser Flut 1955 aus Paris Match. In: Barthes, Roland (2010): Mythologies, Hrsg. Jacqueline Guittard. Paris. Dort: 68 ff.; ursprünglich in: Paris Match (1955), n 305, 29. Januar

Abb. 1.10 Fotos der Pariser Flut 1955 aus Paris Match. In: Barthes, Roland (2010): Mythologies, Hrsg. Jacqueline Guittard. Paris. Dort: 68 ff.; ursprünglich in: Paris Match (1955), n 305, 29. Januar

Abb. 1.11 Fotos der Pariser Flut 1955 aus Paris Match. In: Barthes, Roland (2010): Mythologies, Hrsg. Jacqueline Guittard. Paris. Dort: 68 ff.; ursprünglich in: Paris Match (1955), n 305, 29. Januar

„Die Wasserfläche wirkte wie eine gelungene, aber bekannte Trickaufnahme; die Menschen hatten das Vergnügen, veränderte, aber letztlich doch ‚natürliche' Formen zu sehen; sie konnten sich im Geist an die Wirkung halten, ohne ängstlich und regressiv auf die Unerklärlichkeit der Ursachen zu starren. Das Hochwasser hat die alltägliche Optik verwandelt, ohne doch ins Phantastische abzugleiten; die Gegenstände waren zum Teil verborgen, aber nicht entstellt [déformés]: Das Schauspiel [spectacle] war einzigartig, aber vernünftig."[8]

Das Bild der Überschwemmung und seine partielle Kaschierung des Sichtbaren blieben im Rahmen der zweckrationalen Vernunft und das, obwohl das Wasser einen „Bruch im alltäglich Sichtbaren"[9] bzw. einen „[befremdlichen] Riß im Alltäglichen" hervorruft, durch den viele „alltägliche[...] Gegenstände [...] plötzlich von ihren Wurzeln getrennt, der Erde als ihrer eigentlichen, vernunftgemäßen Substanz beraubt [erschienen]".[10] Aber der Bruch mit dem festen Grund der Rationalität des Sichtbaren – die hier nicht nur im übertragenen Sinne terrestrisch ist – die (existentielle) Beunruhigung oder gar die tumultartige Katastrophe – die aquatische Unvernunft – werden von der Darstellung der Überschwemmung kaum vollzogen.[11] Stattdessen evozieren die Bilder im Zusammenspiel von Landinseln und Wasser eine „Beruhigung des Blicks".[12]

Zur Beruhigung des Blicks im Dienste der Aufrechterhaltung einer vernünftigen Ordnung gehört auch, dass von Ursachen, die diese Rationalität potentiell beunruhigen könnten, zugunsten der dargestellten Wirkung abgesehen wird. Sinnbildlich hierfür steht in Barthes' Bildbeschreibungen der Verweis auf „das Verschwinden des Flusses selbst. Er, die Ursache dieser ganzen Umwälzung, ist nicht mehr, das Wasser hat seine Strömung verloren."[13] Der kausale Prozess von der Ursache zur Wirkung bleibt auf den Fotos ebenso unsichtbar wie der Fluss. Ohne Entstehungsgeschichte erscheint die Überschwemmung nicht als (jene „eigentlich [...]") entwurzelnde oder entrationalisierende Katastrophe. „Man bemerkt [als Mythenleser*in, LH] diese Verwandlung erst als fertige, was ihr den Schrecken nimmt."[14]

Das Verschwinden der Ursache, oder: das *Ausufern* der Ursache zur Wirkung, vermag die Ordnung sogar zu stärken. Zwei Aspekte dieser Vermutung erscheinen für die vorliegende Arbeit besonders relevant: Erstens die ökonomische Ordnung der Landschaft und der Besitzverhältnisse und damit die Frage, wie diese im Überschwemmungsmythos dargestellt werden; zweitens die epistemologische Ordnung der Überschwemmung und der Isolation und damit die Frage, welche Erkenntnisweisen und welches Wissen der Überschwemmungsmythos begünstigt.

---

[8]Barthes (2010a, S. 77).
[9]ebd., S. 78.
[10]ebd., S. 77.
[11]vgl. Barthes (2010a); vgl. Ette (2013a, S. 16 f.), der auf Barthes Verwendung des Begriffs „dépaysé" anstatt „verfremden" hinweist.
[12]Barthes (2010a, S. 78).
[13]ebd.
[14]ebd.

Ökonomie der Überschwemmung

Das Ordnungsmoment der Überschwemmung zeigt sich in ökonomischer Hinsicht für Barthes in zwei Schritten, die man im doppelten Sinne als „Übertreibung" bezeichnen könnte. Durch die erste Übertreibung wird die Aufteilung der Landschaft reorganisiert, Grenzlinien werden gelöscht oder vom Wasser davongespült, Parzellen verschmelzen, Markierungen werden de-markiert, Besitzverhältnisse unklar. Die bestehende Aufteilung und Ordnung der Landschaft treibt davon. „[D]ie Zönästhesie [Körperwahrnehmung, LH] der Landschaft", so Barthes, und „die angestammte Organisation der Horizonte [wird vom Hochwasser] umgewälzt".[15] Der Prozess dieser Umwälzung bleibt auf den Fotos in *Paris Match* freilich verborgen. Sie präsentieren, laut Barthes, einzig Ergebnisse. Barthes' Strom von Beispielen für solche Resultate ebbt nicht ab und reißt so die Ökonomie der Landschaft beinahe mit sich:

> „Die vertrauten Linien der Fluren, die Baumvorhänge, Häuserreihen, Straßen, sogar das Flußbett, diese geometrische Stabilität, die den Eigentumsformen so praktisch vorarbeitet, all das war ausradiert, vom Winkel zur Fläche ausgebreitet: keine Wege, keine Ufer, keine Richtungen mehr; eine flache Substanz, die nirgendwoher kommt und so die Entwicklung [devenir] des Menschen unterbricht, ihn von einer vernünftigen, zweckdienlichen Nutzung der Orte entfernt."[16]

Doch die Grundlagen der Ökonomie der Landschaft werden nicht restlos ausgelöscht und gerade die verbliebenen Grenzlinien und Besitzmarkierungen erhalten eine zweite, neuerliche Emphase. *Fluctuat nec mergitur,* getreu dem Motto der Stadt Paris.[17] Diese zweite Übertreibung erfolgt im Sinne einer Überhöhung des Übrigen.[18] Nicht zufällig vergleicht Barthes im letzten Satz seines Textes die Darstellung der Überschwemmung von 1955 mit der alttestamentarischen Sintflut und dem Mythos der Arche Noah: „Die Menschheit gewinnt darin Abstand von den Elementen, sammelt sich in ihr, entwickelt das notwendige Bewußtsein ihrer Kräfte und findet gerade im Unheil den Beweis dafür, daß die Welt beherrschbar ist."[19] Den Archemythos ruft Barthes auch deswegen auf den Plan seiner Mythologie der Pariser Überschwemmung, weil sich in ihm zwei Aspekte der zweiten Übertreibung bündeln.

Zum einen handeln sowohl der Mythos der Bibel als auch der Mythos von *Paris Match,* bei allen Unterschieden, von einem Neuanfang, wenn nicht der Menschheit, so doch einer Gesellschaft, mit den ihr verbliebenen Mitteln und ihrem Personal. Dieser Neuanfang drückt sich im Mythos von 1955 in der inszenatorischen „Euphorie" aus, „das Dorf oder das Viertel neu zu erbauen, mit neuen Wegen zu erschließen, es wie einen Bühnenort zu verwenden".[20] Zum anderen entwerfen die Bibel und *Paris Match* Mythen

---

[15]ebd., S. 77.

[16]ebd., S. 77 f.

[17]Dieser zweite Schritt entgeht Ettes Lektüre, obwohl er wiederholt das Pariser Motto zitiert; vgl. Ette (2013a, S. 26 f., 33 f.).

[18]vgl. Barthes (2010a, S. 77).

[19]ebd., 80 f.

[20]ebd., S. 79.

eines kontrollierten Rückzugsortes in Distanz und Kontrast zu einer unkontrollierbaren Umgebung. Dieses Refugium ist zugleich Residuum der Flut und aus diesem Grund der Ort des mythifizierten Neubeginns.

Auf den Fotos in *Paris Match* erblickt Barthes Spielarten dieses Mythos, die „den Kindermythos des Baumhauses […] variieren durch den erschwerten Zugang zum Haus als Fluchtburg, die gerade durch das Wasser geschützt wird wie ein Wasserschloß oder ein venezianischer Palast."[21] Die Assoziationen des Mythenlesers machen darauf aufmerksam, dass das Wasser in dieser Darstellung nicht mehr bloß das gewaltige Element ist, vor dem es sich zu schützen gilt, sondern zugleich und vor allem dasjenige, das Schutz und die Kontrolle über das Geschützte erst ermöglicht. Dieser mythologischen Einsicht Barthes' verleihen die Bilder des „isolierten" Hauses, des Friedhofs und des durch Wasser und Deich abgeschiedenen Dorfes zusätzliche Evidenz.[22] In allen drei Fällen stellt die Überschwemmung umliegende Landschaftsstrukturen und deren Ordnung ruhig und hebt auf diese Weise das Isolierte hervor.[23] Übrig bleiben herausragende Merkmale einer Ökonomie der Landschaft: Zäune, Mauern, freistehende Häuser und Dächer, Wälle und Deiche.

> „Paradoxerweise hat die Überschwemmung eine disponiblere Welt geschaffen, die mit der gleichen Genugtuung zu handhaben ist, mit der das Kind seine Spielsachen aufstellt, untersucht und daran Freude hat. Die Häuser waren nichts weiter als Klötze, die Schienen isolierte Linien, die Viehherden transportierte Massen, und das Boot, das superlativische Spielzeug des kindlichen Universums, wurde zum Modus der Besitzergreifung dieses verfügbaren, ausgebreiteten und nicht mehr verwurzelten Raumes."[24]

Folgt man Barthes' Lesart der Bilder von 1955, dann steht darauf schlechterdings alles vom Wasser Isolierte (zumindest visuell) zur Disposition, es kann im kindlichen Handumdrehen konfiguriert werden. Paradox erscheint dieser Umstand, weil die vom Wasser isolierten Bausteine der Landschaft schwerer zugänglich und damit in geringerem Maße verfügbar sind als die in sich verbundene Landschaft. Gelingt jedoch einmal der Zugang zum Baumhaus, der Fluchtburg oder dem Wasserschloss, hält ein Kind die Spielsachen einmal in den Händen, dann, so verspricht der Mythos, stehen sie ihm zur Verfügung und sind einfacher zu kontrollieren und beherrschen als die verbundene Landschaft.[25] Barthes zufolge wirken die Elemente der Landschaft durch ihre Desintegration augenscheinlich frei verfügbar, weil auf den Fotos die Mittel präsent sind, sie zu erreichen: Die Besitzergreifung erfolgt per Schiff, diesem Kinderspielzeug und kolonialen Verkehrsmittel erster Stunde.[26] Auch um die naive Infantilität des Mythos der überschwemmten ökonomischen Landschaft zum Ausdruck

---

[21] ebd.
[22] vgl. Barthes (2010b, S. 74, 80, 81).
[23] vgl. Barthes (2010a, S. 77).
[24] ebd., S. 79.
[25] Zum pädagogischen Mythos der „Spielsachen" vgl. Barthes (2010c, S. 74 ff.).
[26] Zu Barthes' Stellung im Diskurs des (Post-)Kolonialismus und Orientalismus vgl. Landmann (2003).

zu bringen, vergleicht Barthes wiederholt die luftbildfotographische Darstellungsästhetik isolierter Elemente der Landschaft mit Kinderspielzeug, insbesondere Bauklötzen.[27] Dieser Vergleich verweist nicht nur ein weiteres Mal auf die beschriebene mythische Produktion einer disponibleren Ökonomie der überschwemmten Landschaft, sondern auch auf den epistemologischen Gehalt dieser Desintegration.

Epistemologie der Überschwemmung

Die ökonomische Bedeutung des Überschwemmungsmythos ist eng verknüpft mit seinen epistemologischen Konsequenzen. Indem der Mythos Land und Wasser in ein bestimmtes Verhältnis setzt, produziert er eine spezifische Rationalität. So spitzt Ottmar Ette zu: „Der Entwurf einer Landschaft impliziert den Entwurf einer Theorie, ja einer Epistemologie."[28] Kern der Epistemologie der Überschwemmung ist die Darstellung „bestimmte[r] Objekte", die das Hochwasser „herausgehoben" hat und dadurch „fremd werden" ließ.[29] „Man sah Autos, von denen nichts blieb als ihr Dach, verkürzte Straßenlaternen, deren Kopf allein wie eine Seerose aus dem Wasser ragte, Häuser wie Spielzeugklötzchen zerlegt, eine Katze, die tagelang auf einem Baum festsaß."[30]

Der Überschwemmungsmythos instrumentalisiert die Fremdheit, die er konstruiert hat, als Erkenntnisinstrument.[31] Die Entwurzelung und spezielle Form der Verfremdung (*dépaysement*) durch die Darstellung verändert, wie die Gegenstände wahrgenommen und erkannt werden.[32] Sie vermittelt ein bestimmtes Wissen über die Gegenstände und die Landschaft. Dadurch, dass die Ursachen der Überschwemmung im Mythos unsichtbar sind, kann sich die Wahrnehmung auf die Wirkung konzentrieren. Die mediale Darstellung der Überschwemmung suspendiert die Kausalität und eine Historisierung der Fotos und dessen, was sie zeigen. Die Frage danach, warum und wie es zur Überschwemmung, geschweige denn ihrer Darstellung kam, kann von Mythenleser*innen nicht beantwortet werden. Der epistemologische Fokus des Überschwemmungsmythos liegt allein auf dem, was zu sehen ist.

Zunächst geraten die meisten Dinge ganz aus den Augen. Von den übrigen bleiben nur bestimmte, isolierte Aspekte sichtbar. Die Gegenstände und Elemente der Landschaft werden auf ein vorgeblich ‚Wesentliches' reduziert und bleiben, *pars pro toto*, wiedererkennbar. Das

---

[27]vgl. Barthes (2010a, S. 77, 79).
[28]Ette (2013a, S. 25).
[29]Barthes (2010a, S. 77).
[30]ebd.; Ette übersetzt: „Häuser, die wie Spielzeugschachteln zugeschnitten waren", Ette (2013a, S. 15).
[31]Man könnte hier auch von einer Form des Exotismus oder vom „Mythos des Exotismus" sprechen, in dem das Fremde als „bloßer Reflex" des Gewohnten epistemisch instrumentalisiert wird; Barthes (2010d, S. 212, 214).
[32]vgl. Ette (2013a, S. 17, 23), der in Barthes' Text stärker als ich die Perspektive des Mythologen zu erkennen glaubt.

Einzigartige steht repräsentativ für die Gesamtheit ein. Für die Mythenleser*innen wird „die Wahrnehmung der Welt aufgefrischt", so Barthes.[33] Zugleich suggeriert die Vogelperspektive die Übersichtlichkeit des Sichtbaren. Für das, was vom Hochwasser herausgehoben wird, muss nicht gelten, was Barthes für die abgetauchte Landschaft geltend machen will. „[D]er Panoramablick büßt seine herrschaftliche Macht" nicht unbedingt ein, sondern kann sie in aggregierter Form zurückgewinnen. Damit einher geht, dass die *Übertreibung* bestimmter Gesichtspunkte das Erkenntnisinteresse der Betrachter*innen auf bestimmte Aspekte lenkt. Diese Fokussierung des Überschwemmungsmythos beschränkt das Wissen über den Gegenstand auf mitunter essenzialisierte Eigenschaften: das Auto auf sein Dach, die Laterne auf ihren Lampenschirm, das Haus auf vier Wände und ein Dach, seine Bewohner*innen auf ihre isolierte Immobilie, die Katze auf ein winziges Revier. Obendrein sind diese Menschen und Tiere aufgrund ihrer eingeschränkten Mobilität kaum aus den Augen zu verlieren, was Beobachter*innen in räumlicher Hinsicht zusätzliche epistemologische Kontrolle über die Situation verleiht.

In zeitlicher Hinsicht und über die Fotos hinaus bezieht sich Barthes auf die Zeitungsberichterstattung, die im Vorfeld der Überschwemmung den kollektiven Eindruck der naturgesetzmäßigen „*Vorhersehbarkeit* der Notsituation" erweckten. Die prognostizierte Entwicklung, die gleichermaßen unabwendbar und kontrollierbar anmutet, setzt eine Ökonomie der Prävention, der präventiven Eindämmung, in Gang.[34] Insgesamt dämmt der Überschwemmungsmythos die Komplexität der Erkenntnisgegenstände für seine Mythenleser*innen deutlich ein, weil (und insofern, als) sie diese Komplexitätsreduktion bei ihren Beobachtungen nicht wiederum in Rechnung stellen. Letzteres würde sie in die Rolle von Mytholog*innen versetzen.[35]

Mythologie heute

Die Rolle von Mytholog*innen war zum Zeitpunkt, als Barthes seine „Mythologies" schrieb, noch nicht elaboriert.[36] Sie entsprangen also keinem systematischen Ansatz, sondern einem generellen „Unbehagen" an der ideologiegetriebenen, enthistorisierenden, „dekorativen Darstellung des *Selbstverständlichen*", durch die geschichtlich Hervorgebrachtes als natürlich Gegebenes präsentiert wird. Barthes verstand den Mythos am Anfang seines Projekts als „falsche Evidenz", die zu entschlüsseln Aufgabe der Mythologie sei.[37] Erst nachdem er mit dieser Arbeitsdefinition einige Mythologien geschrieben hatte, systematisierte Barthes seinen Mythosbegriff und arbeitete ihn methodisch aus.[38]

---

[33] Barthes (2010a, S. 77).

[34] vgl. ebd., S. 80.

[35] vgl. Barthes (2010, S. 276).

[36] vgl. Barthes (2005b, S. 73).

[37] Barthes (2010 f., S. 11).

[38] vgl. ebd., S. 12.

Diese induktive Vorgehensweise erklärt, warum Barthes in vielen seiner Mythologien der Rolle eines, wenn auch in hohem Maße intellektuellen, Mythenlesers zuneigt.

So auch bei der Lektüre des Überschwemmungsmythos. Nur in Andeutungen geht Barthes in „Wie Paris nicht unterging" über die Position des Lesers hinaus. Bis auf einige mythologische Einwände, wie demjenigen im ersten Satz oder der Benennung der Mythen als Mythen, beschreibt Barthes hauptsächlich die Wirkung des Mythos.[39] Deutungsalternativen zur Überschwemmung als Fest lassen sich bei Barthes bloß erahnen. Auch er enthält seinen Leser*innen größtenteils vor, was der Überschwemmungsmythos seinen Leser*innen schon vorenthält: die katastrophalen Züge der Überschwemmung, eine Kritik an den ökonomischen und epistemologischen Implikationen des Überschwemmungsmythos und der ihnen zugrunde liegenden Rationalität. Zudem geht er nicht explizit auf die Ideologie ein, die den Mythos motiviert haben könnte. Zwar zeigt Barthes sehr genau, welche Wirkung der Mythos erzielen kann, doch er lässt offen, *wie* dies gelingt. Mit dieser Frage beschäftigt sich der französische Semiologe wenig später. Seinem Text „Der Mythos heute" lässt sich zunächst eine empirisch fundierte, theoretisch und methodologisch weiterentwickelte, analytisch fruchtbare, funktionale Definition des Mythos entnehmen.[40] „Mythologie heute" nimmt ihr dann die materialistische und strukturalistische Strenge.[41]

Elemente einer Definition des Mythos

Barthes definiert den Mythos als eine Art und Weise von „Kommunikation".[42] Diese offene Definition ermöglich es Mytholog*innen, jede Kommunikation auf ihre mythische Form hin zu analysieren, insofern sie „aus einer Materie geformt [wird], die im Hinblick auf eine entsprechende Botschaft *schon* bearbeitet ist."[43] Der Mythos stattet also Kommunikation, deren Zeichen immer schon „für einen bestimmten gesellschaftlichen *Gebrauch* ausgestattet" sind, für einen anderen gesellschaftlichen Gebrauch mit „Bedeutung" aus.[44] Barthes bezeichnet den Mythos deswegen als *„ein sekundäres semiologisches System"*.[45]

In dieser Formulierung steckt eine spezifische, zweigliedrige Definition, die den Mythos der „historischen Kritik [zugänglich...]" machen soll.[46] Diese Kritik nennt

---

[39] vgl. Barthes (2010a, S 77).
[40] Barthes (2010e).
[41] Barthes (2005b).
[42] Barthes (2010e, S. 251).
[43] ebd.; zum Problem der Begriffsbestimmung des Mythos vgl. Jamme (1991, S. 21), der anders als Barthes, eine engere, traditionellere, aber ebenfalls funktionsorientierte Mythentheorie entwickelt hat.
[44] Barthes (2010e, S. 252).
[45] ebd., S. 258; Hvg. i.O.
[46] ebd., S. 255.

Elemente einer Definition des Mythos

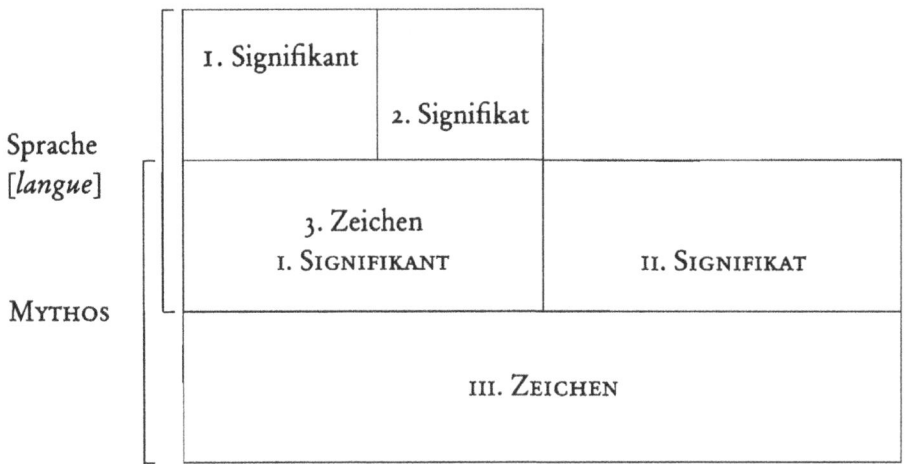

Abb. 1.12 Barthes' mythologisches Schema. In: Barthes, Roland (2010): Der Mythos heute, in: Mythen des Alltags, Frankfurt a. M., S. 249–316. Dort: 259

Barthes „Mythologie". Ziel der Mythologie kann jedoch nicht sein, ein primäres semiologisches System freizulegen, wie es das erste Glied der Definition und Barthes' frühe methodologische Überlegungen in Aussicht stellen.[47] Dieses materialistische Versprechen nimmt er denn auch später zurück: „[D]ie ständig ihre Grundlagen zurückversetzenden, ihre Signifikate in neue, *einander endlos zitierende Signifikanten* verwandelnden Zeichen enden nirgends".[48] Deswegen kann es der Mythologie nicht um eine letztgültige Entzifferung des Mythos, nicht um das Freilegen seines Ursprungs, sondern nur um einen historischen Nachvollzug verschiedener „Ebenen der Verdinglichung" und „Grade der phraseologischen Dichte" gehen.[49] Unter diesen Bedingungen liefert die Semiologie ein Schema für die historische Kritik am Mythos, mit deren Hilfe sich dessen Verdichtung und Verdinglichung (stufenweise) entfalten lässt. So einleuchtend Barthes' tabellarische Darstellung dieses Schemas auch wirken mag (Abb. 1.12), hinter deren vermeintlicher analytischer Trennschärfe stecken komplizierte Relationen, die sich nicht im Ausfüllen der Tabelle erschöpfen können. Deswegen hat Barthes den strukturalistischen Impetus dieses Analyseinstrumentes zugunsten einer „Wissenschaft vom Signifikanten" zurückgenommen.[50] (Abb. 1.12)

---

[47]vgl. ebd., S. 252.

[48]Barthes (2005b, S. 75); Hvg. LH; vgl. auch Barthes (1980, S. 21 f.).

[49]Barthes (2005b, S. 75); d.h. auch, dass keine endgültige Unterscheidung von Objekt- und Metasprache möglich ist.

[50]ebd., S. 74 f.; später will Barthes die Semiologie nicht mehr „Wissenschaft" nennen; vgl. Barthes (1980, S. 57 f.); zu Barthes' Verortung zwischen Strukturalismus zum Poststrukturalismus vgl. Landmann (2003, S. 13 ff.).

Für Mytholog*innen resultieren daraus zwei methodische Verlagerungen: Erstens rückt der Signifikant des Mythos in den Fokus der mythologischen Aufmerksamkeit. Weil der Signifikant schon das Zeichen eines vorangegangenen semiologischen Systems ist, stellt sich die Frage, wie er außerdem in einem weiteren semiologischen System, dem des Mythos, als Signifikant funktionieren kann. Mit dieser Frage wird der Signifikant zum Spannungsfeld von Sinn und Form.[51] Dabei bezeichnet Sinn den inhaltlichen Zusammenhang des Signifikanten mit seinem vorhergehenden semiologischen System.[52] „Der Sinn *ist bereits* vollständig, er postuliert ein Wissen, eine Vergangenheit, ein Gedächtnis, eine geordnete Reihe von Tatsachen, Ideen, Entscheidungen. Indem er Form wird, verliert der Sinn seinen Zusammenhang; er leert sich, verarmt, die Geschichte verflüchtigt sich".[53] Zur Form wird der Signifikant, wenn er dieses Zusammenhangs beraubt, bzw. diesem Zusammenhang geraubt, und gezielt in einen neuen Zusammenhang gestellt wird, in dem er etwas Anderes bezeichnet als zuvor. „Der wichtigste Punkt bei alldem ist jedoch, daß die Form den Sinn nicht beseitigt; sie läßt ihn verarmen, drängt ihn zurück, hält ihn sich zur Verfügung […] Der Sinn wird der Form als leicht zugänglicher Vorrat von Geschichte dienen, als ein disponibler Reichtum, der in raschem Wechsel herangezogen und wieder fallengelassen werden kann."[54] Die Form ist eine Selektion aus dem Repertoire des Sinns, zum Beispiel die Entscheidung für das Fest und gegen die Flutkatastrophe. Der Signifikant enthält einen Rest des Sinns, ihm haftet damit eine „Spur" seines vorherigen Zusammenhangs an, die Mytholog*innen lesen können.[55] „[B]eim Übergang vom Sinn zur Form verliert das Bild an Wissen, um desto leichter das des Begriffs aufzunehmen".[56] Im Signifikanten des Mythos werden also zwei Wissensfelder verknüpft, Wissen aus dem vorangegangenen semiologischen System (Sinn) trifft auf Wissen des mythischen Signifikats (Begriff).

Diese zwei Felder des Wissens, darin liegt die zweite methodische Verlagerung der Wissenschaft vom Signifikanten, stehen in einem wechselseitigen Verhältnis. Die Struktur des Signifikanten gerät ins Schwimmen. Die Form und der in ihr verbliebene Sinn bezeichnen den Begriff, aber der Begriff steht umgekehrt nicht (mehr) in einem primären, arbiträren Verhältnis zu seiner Bezeichnung. Die Form ist die Indienstnahme des Sinns durch den Begriff. Die Ideologie richtet den Begriff gezielt auf die Form,

---

[51] vgl. Barthes (2010e, S. 262).

[52] vgl. ebd., S. 261.

[53] ebd., S. 262.

[54] ebd., S. 263.

[55] Barthes dazu: „Man könnte mit Marx antworten, daß auch das natürlichste Objekt, wie schwach, wie flüchtig auch immer, eine politische Spur enthält, die mehr oder weniger eingeprägte Gegenwart der menschlichen Handlung, die es hervorgebracht, zurechtgemacht, verwendet, unterworfen oder verworfen"; ebd., 296; an anderer Stelle definiert Barthes seinen weiten Begriff des Politischen: „Das Wort *politisch* ist natürlich in einem tieferen Sinne als Ensemble der menschlichen Verhältnisse in ihrer realen gesellschaftlichen Struktur zu verstehen, insofern sie die Welt hervorzubringen vermögen." ebd., S. 295; kursiv i.O.

[56] Barthes (2010e, S. 264).

damit diese ihn bezeichnet, und pflanzt der Kontur der Form einen Teil seines Wissens und seiner Geschichte ein.[57] Gewissermaßen erfüllt auch der Begriff in der Wissenschaft vom Signifikanten eine signifikative Funktion: er konnotiert die Form.[58]

> „Allerdings ist das im mythischen Begriff enthaltene Wissen wirr, ein aus unscharfen, unbegrenzten Assoziationen bestehendes Wissen. Man muß diese Offenheit des Begriffs betonen; er ist keineswegs eine abstrakte, gereinigte Essenz, sondern ein formloser, instabiler, nebelhafter Niederschlag; seine Einheit und sein Zusammenhang sind vor allem funktional bedingt."[59]

Anders als das Wissen der Form, das sinnlich wahrnehmbar, sprachlich, bildlich, hörbar präsent und räumlich gegeben ist,[60] ist das Wissen des Begriffs formlos und diffus, bevor es sich im Mythos im Rahmen der Form mit deren Wissen verknüpft, ja geradezu *konkretisiert*. Gewissermaßen mangelt es dem Begriff an Gegenständlichkeit oder Dinglichkeit, bevor er mit der Form *zusammenwächst*. Als Ganzes scheint er ungreifbar.[61] Er ist sozusagen überdeterminiert.[62]

Gerade dieser ‚primäre' Status des Begriffswissens gegenüber der Form ist aber (auch und gerade analytisch) unerreichbar. Jede Kommunikation über den Begriff und damit jede mythologische Analyse gäbe dem Begriff bereits eine Form. Der Mythos manifestiert den Begriff im deformierten Sinn.[63] Er informiert den Begriff, bringt ihn in Form, indem er den Sinn deformiert.[64] Er zeigt das Wissen des Begriffs am Wissen der Form. Er macht den Begriff erkennbar und erfahrbar. Barthes konstatiert deswegen: „Insofern kann man sagen, daß das grundlegende Merkmal des mythischen Begriffs darin besteht, *angepaßt* zu sein".[65] Und weil sich auch die Deformation des Sinns als Anpassung an den Begriff verstehen lässt, kann man von gegenseitiger Anpassung sprechen. Dies bedeutet nicht nur für den Sinn, sondern auch für den Begriff, dass er sein volles Bedeutungsspektrum nicht ausschöpfen kann. Denn der Mythos vermag nicht, die „Totalität der möglichen Repräsentationen" des Begriffs darzustellen.[66]

Im Zusammenhang mit der Informierung des Begriffs spricht Barthes vom „Alibi".[67] Da der Sinn den Signifikanten nicht ausfüllt, ihm aber eine gewisse Kontur verleiht,

---

[57] vgl. ebd., S. 263 f.
[58] vgl. Barthes (2005b, S. 73).
[59] Barthes (2010e, S. 264).
[60] vgl. ebd., S. 267 f.
[61] vgl. ebd., S. 268 f.
[62] vgl. ebd., S. 265.
[63] vgl. ebd., S. 267.
[64] vgl. ebd., S. 268 f.
[65] ebd., S. 265; Hvg. i.O.
[66] ebd., S. 276.
[67] ebd., S. 269 f.

bietet er dem Wissen des Begriffs einen Ort. Dieser Ort liefert dem Begriff Barthes zufolge ein Alibi, und das in doppelter Hinsicht. Erstens verleiht die Form dem Begriff in metaphorischer Hinsicht gegen anbrandende Zweifel an seinem Realitätsstatus den Anschein eines wasserdichten Alibis. Sie schützt ihn vor dem aufkommenden Verdacht mangelnder Einheit, Gegenständlichkeit oder Realität. Zweitens kann das Alibi die Form eines Ortes haben. Der Begriff wird in diesem Fall scheinbar in einem semiologischen System „*fundiert[...]*", das einen Ort bezeichnet.[68] Barthes' Mythologie ist daher quasi prädestiniert für die Analyse räumlicher Mythen.

Ähnliches gilt für die Wirkung des Mythos auf Mythenleser*innen. Zentrales Moment der mythischen Wirkungsästhetik ist es, die komplexe, ideologisch motivierte, politisch situierte, intentionale, historisch kontingente Konstruktion des Wissens über einen Begriff und eine Form als „*in den Augen des Mythenkonsumenten*" selbstverständliche, einfache Tatsache darzustellen: „Hier sind wir beim eigentlichen Prinzip des Mythos: Er verwandelt Geschichte in Natur."[69]

> „Mit dem Übergang von der Geschichte zur Natur nimmt der Mythos eine Einsparung vor: Er beseitigt die Komplexität der menschlichen Handlungen, verleiht ihnen die Einfachheit der Wesenheiten, unterdrückt jede Dialektik, jeden Rückgang hinter das unmittelbar Sichtbare; er organisiert eine Welt ohne Widersprüche, weil ohne Tiefe, ausgebreitet in der Evidenz; er legt den Grund für eine glückliche Klarheit. Die Dinge tun so, als bedeuteten sie von ganz allein."[70]

Die Wissenschaft vom Signifikanten versteht unter Natur eher „ein ‚Natürliches'" und darunter wiederum ein „als ‚selbstverständlich' hingestellt[es]",[71] enthistorisiertes und kulturelles Wissen, das durch seine kollektive Wiederholung und Verbreitung etabliert und zur „Gewohnheit" geworden ist.[72] Das schließt nicht aus, dass es sich dabei um eine Vorstellung über das handelt, was „Natur" genannt wird und dass dieses Wissen verwendet wird, um einen Begriff im engeren Sinne zu naturalisieren. Gerade darin liegt eine analytische Stärke von Barthes' Mythologie für die Kulturwissenschaft, der am Umgang mit der Unterscheidung von Kultur und Natur gelegen ist. Die Evidenzerzeugung durch eine Darstellungsweise, die noch den Umstand ihrer Mittelbarkeit und Dargestelltheit unterschlägt und so bei Rezipient*innen die „Illusion" einer unmittelbaren Gegebenheit der Wirklichkeit erweckt, fasst Barthes an anderer Stelle unter dem Begriff „Wirklichkeitseffekt" zusammen.[73]

---

[68]ebd., S. 278.
[69]Barthes (2010e); Hvg. i.O.
[70]ebd., S. 296.
[71]Barthes (2005b, S. 73).
[72]Barthes (2010e, S. 312; vgl. 292.
[73]Barthes (2005c); vgl. dazu Costazza (2014); Lüdemann (2004, S. 28, 44).

Eine Kulturwissenschaft der Ökonomik kann sich von Barthes' Mythologie ebenfalls inspirieren lassen. Denn ihr kritischer Impetus gegenüber ihrem politischen Entstehungsumfeld, der bürgerlich kapitalistischen Gesellschaft der Nachkriegszeit, macht die Mythologie zu einer sensiblen Sonde für die Analyse ökonomischer Zusammenhänge und ihrer Wirklichkeitseffekte.[74] So rückt Barthes die Mythologie angeblich unveränderlicher, ‚natürlicher' Besitzverhältnisse ins Blickfeld. Er regt zu einer Ideologiekritik an, die sich der Rhetorik der „Quantifizierung der Qualität" von Sinn, Form und Begriff widmet; und er stellt die Analyse des Mythos einer vermeintlich „universalen[n] Ökonomie" in Aussicht, der unter der Prämisse der Quantifizierung eine „berechenbar[e]" Welt proklamiere.[75]

Mythologie des wissenschaftlichen Sprechens und der Landschaft der Theorie

Als Wissenschaft vom Signifikanten eignet sich Barthes' Mythologie längst nicht mehr nur für die kritische Analyse von Mythen des Alltags. Vielmehr öffnet sie sich in mindestens zwei Richtungen: Einerseits beschränkt sie sich inhaltlich nicht länger auf die Zeichen der Alltagskultur. Andererseits ist sie zeitlich nicht mehr ausschließlich auf die Gegenwart fokussiert. Dadurch gewährt sie nicht nur „einen semiotischen Zugang zum sozialen Sprechen" in unterschiedlichen Teilen der Gesellschaft,[76] sondern auch zu historischen Genealogien von Mythen.[77]

Ein Bereich, den sich die semiologische Mythologie so erschließt, ist die Wissenschaft. Die Wissenschaft formiert „[m]it ihrem Geflecht aus Gewohnheiten, Wiederholungen, Stereotypen, Pflichtfloskeln und Schlüsselwörtern" das, was Barthes einen „*Idiolekt*", eine besonders dichte mythische Sprache nennt.[78] Deren „Zitat[e]", „Verweis[e]" und „Stereotyp[e]" bilden Angriffspunkte der Mythologie.[79] Schon früh hatte Barthes in seiner eigenen Arbeit die Unterscheidung von Wissenschaft und Literatur in Frage gestellt.[80] Spätestens in seiner Antrittsvorlesung am *Collège de France* präsentiert er die Mythologie des wissenschaftlichen Sprechens als Programm.[81] Er nennt es „Semiotropie".[82] Anne-Kathrin Reulecke erinnert an das Potential dieser programmatischen Semiotropie für die kritische Analyse der „Inszeniertheit *jeder*

---

[74]vgl. Barthes (2010e, S. 288 f.).
[75]ebd., S. 311.
[76]Barthes (2005b, S. 77).
[77]vgl. Barthes (2010e, S. 288).
[78]vgl. Barthes (2005b, S. 75 f.); Zitate S. 76; Hvg. i.O.
[79]ebd., S. 76.
[80]vgl. Barthes (2010 f., S. 12); vgl. später ausführlich Barthes (1980, S. 31).
[81]Barthes (1980).
[82]ebd., 59; vgl. Reulecke (2008, S. 8), die die Ähnlichkeit zu jüngeren Forschungsprogrammen, etwa dem Joseph Vogls, feststellt.

Wissenskultur" im Rahmen der Wissenschafts-, Begriffs- und Theoriegeschichte.[83] Einer solchen Analyse geht es mit Barthes' Worten darum, „positive, gleichbleibende, ungeschichtliche, unkörperliche, kurz wissenschaftliche Eigenschaften" der in einer Wissenschaft verwendeten Zeichen zu bestreiten.[84] Barthes stellt eine Genealogie in Aussicht, „eine Geschichte […] der Hervorbringung der Rede, die die Geschichte der oft ganz aberwitzigen, verbalen Notbehelfe, die die Menschen benutzt haben, um das zu reduzieren, zu zähmen, zu leugnen oder auch das auf sich zu nehmen, was immer ein Delirium ist, nämlich die fundamentale Nicht-Adäquatheit von Rede und Wirklichem".[85] Diese Geschichte versteht Barthes zugleich als eine Analyse der literarischen (und mitunter theoretischen) Widerstandsversuche gegen die „topologische Unmöglichkeit", die Mehrdimensionalität des Wirklichen in der „eindimensionalen Ordnung der Sprache" darzustellen.[86]

Als besondere Topoi im idiolektischen „Geflecht aus Gewohnheiten, Wiederholungen, Stereotypen, Pflichtfloskeln und Schlüsselwörtern"[87] der Wissenschaften können sogenannte „Landschaften der Theorie" verstanden werden: solche Landschaften also, die laut Ottmar Ette für den Text einer Theorie eine mitunter epistemologische Funktion erfüllen und die mythologische Kritik herausfordern.[88] Denn eine Landschaft der Theorie „[weiß] gleichsam die Theorie auszusagen und hervorzubringen".[89] Die Landschaften der Theorie wirken performativ. Aus dieser Performativität ergibt sich, was Barthes die „Verantwortlichkeit der Form" für die Wirkung eines Textes nennt.[90]

---

[83]vgl. insb. Reulecke (2008, S. 10 f.); Hvg. i.O. Iris Därmann hat in einem anderen Zusammenhang auf den Realitätswert der „Theorieszenen" hingewiesen, die die Lesenden in die Programmatik (Konzeptwelt) der Theorie hineinziehen; vgl. Därmann (2013, S. 44–49).

[84]Barthes (1980, S. 55).

[85]ebd., S. 33.

[86]ebd.

[87]Barthes (2005b, S. 76).

[88]Ette (2013a).

[89]Ette (2001, S. 537), vgl. ebd., S. 28, 110–117; vgl. außerdem Ette (2013b).

[90]Barthes (1980, S. 25); zur Performanz sozialwissenschaftlicher Theorie aus vor allem metaphorologischer Perspektive vgl. Lüdemann (2004, S. 39, 69 f.); auf letzteren Seiten findet sich folgende Überlegung in Anlehnung an Pierre Legendre: „Theorie und Mythos bearbeiten in gewisser Weise dieselben Probleme, dieselben „Rätsel" […] sie versuchen, den Grund zu sagen, aus dem etwas ist (oder nicht ist), und auch sie müssen die Arbeit der Begründung nur leisten, weil der Grund als ein realer fehlt. Auch Theoriearbeit ist stets ein Stück ‚Ursprungskonstruktion' (oder setzt diese, als Axiomatik oder sogenannte ‚Grundlagenforschung', voraus) und erliegt, wenn sie dies vergißt, nur der positivistischen Illusion, dem *effet de réel* ihrer eigenen konstruierenden Rede. Das heißt aber auch, daß jede wissenschaftliche Theorie mythische oder imaginäre Anteile enthält, die ihr nicht akzidentell sind, sondern gerade ein Wesentliches ihrer gesellschaftlichen Funktion betreffen."; Hvg. i.O.; Iris Därmann hebt im Gefolge von Jacques Rancières Überlegungen zu ästhetischen Regimen die notwendige Aisthesis/Ästhetik philosophischer Theorien des Politischen hervor und infolge dieser Notwendigkeit die immer schon spezifischen Formen und deren konkrete politische Implikationen; vgl. Därmann (2009, S. 31).

Eine Landschaft der Theorie mobilisiert und demobilisiert die Vorstellung des Begriffs oder der Begriffe, die die Theorie formt, und das – auch zukünftige – Nachdenken über diesen Begriff.[91] Eine solche Landschaft, oder eine solche Landschaftsmalerei, könnte in Abwandlung eines Begriffs von Gilles Deleuze ein „Denkbild" oder „Bild des Denkens" genannt werden.[92] Deutlicher als das Bild aber verweist die räumliche Kategorie der Landschaft auf die Möglichkeit alternierender Blickwinkel.[93] „In […] der Landschaft zeichnet sich stets auch eine […] *Landschaft der Theorie* ab, stellt letztere doch die Visualisierung einer Epistemologie dar, auf deren Basis Denken und Verstehen – ganz im Sinne einer […] ‚Organisation der Horizonte' – angeordnet und neu strukturiert werden können."[94] Eine dieser Landschaften ist die Insel.[95] Wie Lisa Fletcher von der Universität Tasmanien ausgeführt hat, sind Inseldarstellungen gleichermaßen performierte wie performative Geographien.[96] Legt man die wechselseitige Performativität von Landschaften und Theorien, Inseln und Ökonomik, sowie die Performativität der Ökonomik für das wirtschaftliche und wirtschaftspolitische Handeln zugrunde, dann muss Fiona Polacks ursprünglich literaturwissenschaftlicher Forderung nachgegangen werden: "There needs to be a greater awareness of the political implications of the figurations of our islands".[97]

---

[91] vgl. Ette (2013a, S. 54 ff.).
[92] Deleuze (1992, S. 172).
[93] vgl. Ette (2013a, S. 58).
[94] ebd., S. 25; Hvg. i.O.
[95] vgl. Ette (2005, S. 175 f.); vgl. Beer (1989, S. 9 f.).
[96] Fletcher hat anhand der Insel ihren Begriff der „performative Geographies" entwickelt; Fletcher (2011, S. 26 ff.); vgl. auch Crane und Fletcher (2016, S. 640).
[97] Polack (1998, S. 228).

Die Möglichkeit einer Insel, die Möglichkeiten von Inseln

2

„Räume sind nicht schlechterdings vorhanden, sie sind nicht von selbst zugänglich oder unzugänglich, sie liegen nicht einfach in entfernter Nachbarschaft oder in einer abgeschotteten Gegend, sie sind weder von sich aus aufgeteilt noch brachliegend. Sie erhalten ihre Bedeutung vielmehr nur durch ihren Gebrauch oder Missbrauch, der Anlass bieten kann für Zerstörung, Neuschöpfung oder Reform. Im Zusammentreffen zwischen Räumen und Gebrauchsweisen, zwischen der räumlichen Präfiguration bestimmter Gebrauchsweisen und der Konfiguration des Raums durch seinen spezifischen Gebrauch, erhalten Räume erst ihre Bedeutung."[1]

Was kann die Insel bedeuten, welches Bedeutungsspektrum hält sie bereit? Wie präfiguriert sie bestimmte Gebrauchsweisen und wie wird sie vom Gebrauch figuriert? Schon diese Fragen sind falsch gestellt. Besser müsste man im Plural nach Inseln fragen. Das Zeichen der Insel steht also immer schon unter den Zeichen der Inseln. Die Insel schlechthin, das Inselding an sich, ist semiologisch unerreichbar. Trotzdem lohnt sich ein Blick auf den Sinn, den sich bestimmte Formen der Inselrede wiederholt dienstbar machen. Eine Art interdisziplinäre, vor allem aber interkulturelle Begriffs- oder doch eher Zeichengeschichte der Insel kann skizzieren, welches Wissen im Zeichen der Insel steckt und in Form eines Signifikanten wirksam werden kann. Die heterogene Forschungsliteratur der „Island Studies" kann im Hinblick auf dieses Wissen gelesen werden.[2] Im Folgenden geht es darum, zumindest kursorisch anzudeuten, über welche Zusammenhänge und welche Geschichte sich dieser immer schon unvollständige Sinn der Insel erstreckt. Relevant ist diese Frage für die vorliegende Arbeit vor allem dann,

---

[1] Echterhölter und Därmann (2013, S. 8).
[2] Zu einem, wenn auch nicht mehr ganz aktuellen, Überblick über das Forschungsfeld der Island Studies vgl. Baldacchino (2006).

wenn die Insel in der einen oder anderen Bedeutung als Landschaft der Theorie in Erscheinung tritt und ihre Performanz zur Geltung bringt, dann also, wenn von Inseln als Objekten der Repräsentation Gebrauch gemacht wird.[3]

Die Inselforschung siedelt den Sinn der Insel zumeist im Spektrum zwischen zwei Polen an: der Insel als Topos der Vernetzung und der Insel als Topos der Isolation. Ottmar Ette fasst dies in literaturwissenschaftlicher Auseinandersetzung mit den Inseln der Karibik treffend zusammen:

> „Damit zeichnet sich eine zumindest zweifache Bedeutungsstruktur der Insel ab. Sie kann einerseits für eine vom Anderen isolierte Abgeschlossenheit, andererseits aber gerade auch für das Bewusstsein einer mit dem Anderen vielfach verbundenen Relationalität stehen. Sie ist einerseits in ihrer mit scheinbar festen Grenzen ausgestatteten Überschaubarkeit die Insel als eine vom Anderen abgetrennte Welt, in der sich [...] *eine* Logik gedanklich materialisiert und territorialisiert. Und sie ist andererseits jener Ort, der sich als eines von vielen Fragmenten weiß, herausgerissen, abgetrennt und doch vielfach verbunden mit einem Kontinent".[4]

Die Definition der Insel als entweder abgeschlossene Totalität oder offenes Komplement eines Zusammenhangs ist eine Frage der Interpretation oder des Gebrauchs der „fundamentalen Diskontinuität" zwischen Wasser und Land, und damit der Beziehung zwischen Land und Land.[5] Pete Hay zeigt, dass in den Island Studies die Vorstellung von Inseln als essentiell abgegrenzte Räume an Boden verloren hat.[6] Stattdessen dominiere in den Island Studies die Vorstellung: „Connectedness describes the island condition better than isolation".[7] Freilich konstruiert auch diese Naturalisierung der Insel eine, wenngleich komplexe, relationale, plurale Inselform, die Verbundenheit, Vernetzung und Bewegung zur Essenz der Insel erklärt, während der Isolationsaspekt in den Hintergrund tritt.[8]

---

[3] Zu Inseln als Objekten der Repräsentation vgl. Baldacchino (2005); vgl. auch Irving et al. (1997).
[4] Ette (2005, S. 136 f.); eine sehr ähnliche Vermessung des Inselsinns findet sich auch bei Chris Bongies Auseinandersetzung mit Kreolität: "The island is a figure that can and must be read in more than one way: on the one hand as the absolutely particular, a space complete unto itself and thus an ideal metaphor for a traditionally conceived, unified and unitary, identity; on the other, as a fragment, a part of some greater whole from which it is in exile and to which it must be related in an act of (never completed) completion that is always also, as it were, an ex-isle, a loss of the particular. The island is thus the site of a double identity, closed and open, and this doubleness perfectly conveys the ambivalences of creole identity"; Bongie (1998, S. 18).
[5] Ette (2005, S. 141).
[6] Für Hays Zusammenfassung dieser Perspektive vgl. Hay (2006, S. 21 f.).
[7] ebd., S. 23; vgl. dort auch die von Hay angeführten Autor*innen, die diese These vertreten.
[8] Hay vermutet quasi mythologisch, dass die Konstruktion von Inselformen auf die Interessen der verschiedenen Akteur*innen und Disziplinen der Island Studies zurückzuführen ist; vgl. ebd., S. 26.

Vernetzte Inselwelt und Inselmeer

Die Vorstellung einer vernetzten „Inselwelt" einigen insbesondere in einigen Kulturen jener Weltregionen präsent, die weniger von durch Land, als vielmehr von durch Wasser verbundene Landschaften geprägt sind.[9] Die Karibik wurde bereits erwähnt, die größte dieser Regionen ist jedoch „Ozeanien".[10] Von hier stammt der in Papua-Neuguinea geborene Fidschianer und Sohn tongaischer Eltern Epeli Hau'ofa. Der Anthropologe hat gezeigt, dass die Darstellung der ozeanischen Inseln als winzige, isolierte Systeme von Kolonialisten und Neokolonialisten spätestens seit dem 19. Jahrhundert mit kontinentalen Vorstellungen und geopolitischen Interessen konstruiert wurde. „Europeans and Americans […] drew imaginary lines across the sea, making the colonial boundaries that confined ocean peoples to tiny spaces for the first time. These boundaries today define the island states and territories of the Pacific."[11] Ozeanische Vorstellungen würden hingegen seit jeher die Verbundenheit der Inseln durch Handel, Familienbande, Entdeckungsreisen und Abenteuer, gemeinsame Narrative, aber auch kriegerische Konflikte betonen.[12] Bei alledem spielte und spielt das Kanu (waka) als Transport- und Kommunikationsmittel eine wichtige Rolle.[13]

Hau'ofas Manifest stellt außerdem die Bedeutung des Meers als verbindendes Element heraus: Ozeanien sei „Our Sea of Islands".[14] In Fortsetzung seines Manifestes entwirft Hau'ofa dann, kolonialen Inselmythen und Identitätszuschreibungen zum Trotz, „a substantial regional identity that is anchored in our common inheritance of a very considerable portion of Earth's largest body of water: the Pacific Ocean".[15] Diese Rückbesinnung auf das Meer soll zugleich zum Ende kolonialer Insularität beitragen.[16] Der Ozean wird zum Verbindungsmedium eines Inselmeeres und zugleich zum Kriterium der Abgrenzung von jenen Regionen, die sich nicht durch das Meer miteinander verbunden sehen.[17] Die Wiederentdeckung dieses ozeanischen Inselmythos, nicht zuletzt als potentielle Landschaft der Theorie, bringt Hau'ofa mit einigem Pathos vor:

> „The ocean is not merely our omnipresent, empirical reality; equally important, it is our most wonderful metaphor for just about anything we can think of. Contemplation of its

---

[9]Ette (2005, S. 137).

[10]Zum Namen „Ozeanien" vgl. Hau'ofa (1994, S. 152 ff.).

[11]ebd., S. 153 ff.

[12]vgl. ebd., S. 154.

[13]vgl. Keown (2008, S. 507–511); heute fungiert das Flugzeug in mancherlei Hinsicht ähnlich, vgl. Beer (1989, S. 21).

[14]Hau'ofa (1994).

[15]Hau'ofa (2008a, S. 41).

[16]vgl. Nero (1997).

[17]vgl. zu dieser Bedeutung des Meers für ozeanische Kulturen Hau'ofa (2008a, S. 52 f.); vgl. Hay (2006, S. 23).

vastness and majesty, its allurement and fickleness, its regularities and unpredictability, its shoals and depths, its isolating and linking role in our histories—all this excites the imagination and kindles a sense of wonder, curiosity, and hope that could set us on journeys to explore new regions of creative enterprise that we have not dreamt of before."[18]

Auch in Europa lassen sich, wenn auch weit weniger emphatische, Darstellungen vernetzter Inseln finden und auch in Europa berufen sich gegenwärtige Vernetzungsdarstellungen im Zeichen der Insel auf einen historischen Inselsinn.[19] Eine präsente Form der europäischen Inselwelt ist der Archipel, dessen epistemologische Funktionalität als Landschaft der Theorie, die Beobachter*innen für Bewegung, Verflechtung und die Diskontinuität pluraler Perspektiven sensibilisiert, wie auch Roland Barthes in einem seiner frühesten Texte herausstellte.[20] Wie Ozeanien (Okeanos) trägt auch der „Archipelagos" das Meer (Pelagos) als verbindendes Medium im Namen.[21]

Erst seit einigen Jahren beschäftigen sich die Island Studies explizit mit der Form des Archipels. Im Archipel wird dabei eine Möglichkeit gesehen, die zwei dominanten, asymmetrischen Leitunterscheidungen, unter denen die Form der Insel firmiert – zum einen ihre Unterscheidung vom Festland oder Kontinent, zum anderen vom Wasser oder Meer – wenn nicht zu verwerfen, so doch um eine dritte, selbstreferentielle Unterscheidung zu ergänzen, die gleichsam in die Lage versetzt, die anderen beiden zu dekonstruieren: Die vorgeblich symmetrische Unterscheidung von Insel und Insel.[22] Man verspricht sich davon einen neuen methodischen, epistemologischen Zugriff auf Inseln.[23] Inseln sollen nicht länger vom Festland oder vom Meer aus definiert werden, sondern anhand ihrer Verbindung zu anderen Inseln.

Wie Hau'ofa besinnen sich auch die europazentrierten „Archipelagic Studies"[24] genealogisch auf die Insel als Zeichen der Vernetzung. Im antiken Griechenland bedeutete Insularität zwar gelegentlich einen Zustand der Isolation, fungierte aber vor allem als Zeichen der Kommunikation und Interaktion.[25] Der Archipel der griechischen Inseln zur Zeit des Attischen Bundes wurde laut Christy Constantakopoulou als in sich mehr oder weniger stark vernetzter Raum verstanden. Absolute Isolation bedeutete er

---

[18]Hau'ofa (2008a, S. 55); vgl. ebd., S. 58.
[19]vgl. Moser (2005, S. 412 f.).
[20]vgl. Stratford (2013, S. 3); auch Roland Barthes beschäftigte sich in seinen frühen Texten „En Grèce" mit der Epistemologie des Archipelagos: „In Griechenland gibt es so viele Inseln, daß man nicht weiß, ob jede einzelne von ihnen das Zentrum oder der Rand eines Archipels ist"; Barthes zit. nach Ette (2013a, S. 29), vgl. ebd., S. 27–32; vgl. Ette (2010, S. 207–210).
[21]vgl. McMahon et al. (2011, S. 120); vgl. Shell (2014, S. 22).
[22]vgl. McMahon et al. (2011, S. 114).
[23]vgl. ebd., S. 124 f.; vgl. Pugh (2013).
[24]Batongbacal (2001, S. 446).
[25]vgl. Constantakopoulou (2010, S. 2 f.).

wohl nie.²⁶ Auf derselben Seite behauptet die Autorin jedoch eurozentrisch, dass der Begriff absoluter Isolation auf die Inselformen Ozeaniens angemessener angewendet werden könne. Sie schreibt so den europäischen Inselmythos fort und disqualifiziert ihren Begriff des Archipels.²⁷

Der Philosoph und ehemalige Bürgermeister der Inselstadt Venedig, Massimo Cacciari, erinnert in seinem Buch „Der Archipel Europa" an die archipelagische, mediterrane Geschichte Europas. Im Zuge dessen entwirft er einen Ursprungsmythos Europas²⁸ als fragile Vision für ein künftiges Europa.²⁹ Interessant ist hier – im Zusammenhang mit der Frage nach dem Inselmythos der ökonomischen Theorie – zum einen, dass Cacciari den Archipel als dialektische Antithese zum terrestrischen Oikos und dessen Rationalität (logos, mathesis, nomos) verstanden wissen will³⁰; zum anderen die hochaktuelle Befürchtung, dass dieser Sinn des Archipels, zugunsten eines anderen Mythos von der idiotischen internen wie externen Isolation der Inseln (oder Oikoi) Europas, verlorengegangen sei.³¹

Isolierte Insel-Welt

In der Tat scheint die Vorstellung der Insel als isoliertes System nicht erst seit kurzem als Landschaft der Theorie Einfluss auf das europäische Denken zu nehmen; und dies nicht nur (im Sinne Cacciaris) darauf, wie ‚Europa' mit Inseln gedacht wird, sondern darauf, wie *in* Europa mit Inseln gedacht wird und auf die Performanz des europäischen Denkens für die Welt.³² Wie gezeigt, sind Abgrenzungsvorstellungen auch ozeanischen Kulturen nicht fremd. Die ozeanische Inselwelt versteht sich mitunter als nach außen abgeschlossener Raum.³³ Allerdings sind in diesem Raum die Inseln, und um die geht es hier, als distinkte Elemente vor allem insofern signifikant, als erst ihre Verbindung über das Meer eine Landschaft darstellt und Begriffen der Vernetzung eine Form verleiht.

---

²⁶vgl. ebd., S. 3.

²⁷vgl. ebd.

²⁸vgl. Gasché (2006, S. 239).

²⁹Cacciari (1998); zur Fragilität dieser Vision vgl. Kap. 3, in dem die Außengrenzen des utopischen Archipels Europa problematisiert werden; vgl. zur Problematik der Figur des europäischen Archipels Gasché (2006, S. 243 f.).

³⁰vgl. Cacciari (1998, S. 28, 37).

³¹vgl. ebd., S. 31, 60.

³²vgl. Hay (2006, S. 26).

³³vgl. Hau'ofa (2008a insb. S. 53); diese Vorstellung ist nicht ohne Kritik geblieben; vgl. Keown (2008); vgl. McMahon et al. (2011, S. 123).

Der Mythos der isolierten Insel und die Insel als Metapher für das Definierte und die Definition wurde maßgeblich und folgenreich von Europäern geformt.[34] Das Potential für diese Bedeutung könnte bereits in der Etymologie vieler Inselwörter in nord- und westeuropäischen Sprachen begründet liegen. Die Linguistik kennt kaum ein Synonym für Insel, das nicht auf das Zusammenspiel von Signifikanten für Land und Wasser zurückzuführen wäre.[35] Allerdings birgt dieses Zusammenspiel ein prinzipiell ambivalentes Sinnrepertoire. Seit dem Mittelalter, spätestens aber Mitte des 18. Jahrhunderts, setzt sich die Bedeutung der Insel als geschlossenes System zusehends durch.[36] Denn das „Land" in Eiland und Island im Sinne eines abgegrenzten Stücks Erdoberfläche in Besitz eines Individuums oder einer Nation[37] dominiert von da an wirtschaftliche und geopolitische Kalküle und damit die Bedeutung der Insel:

> „By the middle of the 18th century, after the continental turn in European geopolitics and economy, island became a metaphor for isolation and alienation. 'Insularity', in this metaphoric sense, as ‚narrow' or ‚prejudiced', enters English literature only in 1755. 'Insulate' offers a similar case. It appears in 1538 in the sense ‚make into an island', in 1742 ‚block from electricity or heat', and only from 1785 in the sense ‚cause a person or thing to be detached from surroundings'."[38]

Mitverantwortlich für die Herausbildung dieser Inselform war der „sich verselbstständigende Gebrauch des Verbs *isolare*", das durch das Bild der Insel in einer Art Rückkopplung informiert wurde und das dieses Bild folglich konnotierte.[39] Mag diese Bedeutung der Insel auch einen Teil ihres Sinns ausmachen, so ist dieser Teil ihres Sinns, geschweige denn der ganze Sinn, in Europa keineswegs, wie Roger Moser behauptet, seit der Antike mehr oder weniger konstant geblieben ist.[40] Die Kulturtechnik des Isolierens und der Begriff der Isolation, der Einfluss- und Kontaktkontrolle, nehmen erst gegen Ende des 18. Jahrhunderts aus verschiedenen Naturwissenschaften Einfluss auf die Vorstellung von Inseln, die infolgedessen auch in die Nähe des experimentellen Laborraums rückt.[41] „Inseln", so die Herausgeber*innen eines der ersten deutschsprachigen Sammelbände zur Kulturwissenschaft der Insel, „sind nicht nur Sehnsuchtsorte, sondern

---

[34]vgl. u.a. auch für die Formung den Insel-Mythos in der europäischen Moderne, Franks (2006); zur Insel als Definitionsmetapher vgl. Shell (2014, S. 13 ff.).
[35]vgl. Ronström (2009, S. 170 f.); vgl. zur „Dialektik" dieses Zusammenspiels Shell (2014, S. 18).
[36]vgl. Billig (2009, S. 19).
[37]vgl. Ronström (2009, S. 168).
[38]ebd.; vgl. Wilkens (2011, S. 63); Edmond Smith (2003, S. 2).
[39]Billig (2009, S. 19); Hvg. i.O.
[40]vgl. Moser (2015, S. 279 f.).
[41]vgl. Meynen (2010a, S. 89); zur interdisziplinären Begriffsgeschichte der „Isolation" vgl. Zentrum für Literatur und Kulturforschung (2017), wo der Begriff von der frühen Elektrizitätslehre über die Biologie und Biogeographie und Evolutionstheorie Charles Darwins bis in die jüngere Forschung nachvollzogen wird.

zudem sowohl form- und ordnungsstiftende Denkfiguren als auch epistemologische Analyseinstrumente."[42] Die Insel hat nicht immer und nicht überall als Laborraum fungiert, wie die Überlegungen zu ozeanischen Inselvorstellungen und zum Archipel zeigen konnten.

> „Denn die Attribute der Marginalität, Begrenztheit und inneren Homogenität sind der Insel gerade nicht von Natur aus zu eigen, sie werden ihr vielmehr durch einen bestimmten Diskurs zugewiesen, sind also das Produkt einer symbolischen Praxis. Andere Inselvorstellungen sind nicht nur denkbar, sondern lassen sich auch in einer Vielzahl von Varianten ausfindig machen."[43]

Mitte des 18. Jahrhunderts, im Zeitraum, als die Insel, etwa in den Bestsellern Jean-Jacques Rousseaus, zunehmend als Bild der Isolation in Dienst genommen wird,[44] wird der Inselsinn noch in einer weiteren, differenzierteren Hinsicht deformiert. Angepasst an den englischen Kolonialismus in Ozeanien gewinnt die europäische Insel England die Bedeutung von „Offenheit, vielseitige[r] Verbindungen, Forschergeist und koloniale[r] Expansion" und das Meer wird erneut „in ein verbindendes Medium" und, wie Moser darlegt, aus europäischer Perspektive in „ein Instrument der Zivilisation verwandelt".[45] Die imperiale Perspektive ist jedoch einseitig. Die europäische Insel- und Seemacht England sieht für sich in Insel und Meer ein Vernetzungspotential, das zu sehen oder umzusetzen sie zugleich den von der sogenannten ‚Zivilisation' scheinbar isolierten, ozeanischen und karibischen Inselkulturen abspricht.[46]

England konstruiert sich als kontinentale Insel par excellence. Es verbindet den kontinentalen, kolonialen Vormachtanspruch auf weit entfernte, vermeintlich isolierte und deswegen unzivilisierte Inseln mit der eigenen Insellage, die es zur Vernetzung befähigt. Diese begriffliche Verbindung von Isolation und Vernetzung in Form der Insel wird unter dem Begriff der ‚Fortschrittlichkeit' europäischer Kultur – im Gegensatz zum zivilisatorischen Unvermögen der ‚anderen' – entparadoxiert.[47] Die isolierte Insel dient infolgedessen als Signifikant eines Naturzustands, der kulturell überwunden beziehungsweise gezielt kontrolliert werden kann.[48]

---

[42] Wilkens et al. (2011, S. 7).

[43] Moser (2005, S. 412).

[44] vgl. Billig (2009, S. 140 ff.).

[45] Moser (2005, S. 429); vgl. ebd. die Ähnlichkeit zwischen dem antiken Griechenland und dem British Empire; vgl. Constantakopoulou (2010, S. 2 f.).

[46] vgl. Moser (2005, S. 428 f.).

[47] vgl. Meynen (2010b, S. 68), die auch auf das Paradoxon hinweist, dass England beansprucht, das Isolierte mit sich zu vernetzen, ohne jedoch die Vorteile der eigenen Isolation aufgeben zu müssen.

[48] vgl. Moser (2005, S. 429); Beer (1989, S. 13 f.); zur Essentialisierung und Naturalisierung des isolierten Zustandes von Inseln und ihren Bewohner*innen sogar noch in einem Text der jüngeren Island Studies vgl. Conkling (2010).

Der Laborraum der Insel konfiguriert also nicht nur kontrollierbare Bedingungen, sondern insbesondere eine natürliche, quasi ursprüngliche Umgebung, die von zivilisatorischem Einfluss kaum berührt ist – und in dem sich Aspekte der Zivilisation unabhängig von anderen Aspekten der Zivilisation, mitunter in ihrer Entstehung, beobachten lassen. Die Handlung eines der bekanntesten literarischen Werke des British Empire, Daniel Defoes Roman, der unter seinem Kurztitel *Robinson Crusoe* bekannt ist, steht gleichsam Patin für diese Form der einsamen Insel und hat erheblichen Einfluss auf den Inselmythos der Ökonomik.[49]

Das ist insofern überraschend, als die Romanhandlung, wie Gilles Deleuze in seiner Polemik gegen Defoes Roman andeutet, den Mythos der einsamen Insel (die auch für Deleuze nur als Mythos und niemals im geographischen Sinne zu haben ist), der Abgetrenntheit und Neuschöpfung einer Welt, der prototypischen Menschheitsgeschichte, von Beginn an unwahrscheinlich machen, wenn nicht unterminieren müsste:

> „One can hardly imagine a more boring novel, and it is sad to see children still reading it today. Robinson's vision of the world resides exclusively in property; never have we seen an owner more ready to preach. *The mythical recreation of the world from the deserted island gives way to the reconstitution of everyday bourgeois life from a reserve of capital.* Everything is taken from the ship. *Nothing is invented.*"[50]

Doch dieser Sinn des Romans, der den Mythologen Deleuze so anödet, hat die Produktion des Mythos von Robinson auf seiner einsamen Insel nicht verhindern können. Die Essenz der einsamen Insel, so Deleuze, sei mythologisch (oder besser: mythisch), und umgekehrt, so Billig, „stellt die Insel für Deleuze den prädestinierten Ort des Mythos dar".[51] Eine Mythosproduktion durch Selektion bestimmten Wissens aus dem Roman soll im Folgenden nachvollzogen werden.[52]

---

[49]vgl. Beer (1989, S. 10).
[50]Deleuze (2004, S. 12); Hvg. LH; vgl. ebd., S. 11.
[51]vgl. ebd.; Billig (2009, S. 254).
[52]Zum Repertoire des Romans bemerkt Roland Barthes, nicht zufällig am Beispiel Robinsons Crusoes: „Die Literatur transportiert sehr viel Wissen. Ein Roman wie Robinson Crusoe enthält historisches, geographisches, gesellschaftliches (koloniales) Wissen, sowie technisches, botanisches, anthropologisches (Robinson geht von der Natur zur Kultur über)." Ökonomisches Wissen wird nicht ausdrücklich erwähnt. Deutlich wird aber auch hier, dass die Geschriebenheit, die „Schreibweise", dem Wissen eine bestimmte Form gibt, die es konnotiert; Barthes (1980, S. 25); vgl. ebd., S. 27 ff.

Schiffbruch mit Zuschreibung. Zur Konfiguration der ökonomischen Robinson-Crusoe-Welt

In einem Report aus dem Jahr 2009, ein Jahr nach Beginn der globalen Finanzkrise, konstatierte die Konferenz der Vereinten Nationen für Handel und Entwicklung mit Verweis auf Joseph Schumpeter und John Maynard Keynes:

> „For many reasons it is wrong to assume that a complex economy, with millions of agents with diverging interests, functions in a way that would be found in a Robinson Crusoe world. Hence, to blame 'countries' for their 'willingness' to provide 'too much savings' compounds the neoclassical error of analysing the world economy based on the expected rational behaviour of 'one representative agent'. Such an approach cannot do justice to the complexity and the historical uniqueness of events that may lead to phenomena like those that have come to be known as the global imbalances."[1]

Nach Ansicht der UNCTAD handelt es sich bei der Robinson-Crusoe-Welt, in der die neoklassische Interpretation von Außenhandelsungleichgewichten wurzelt, um „a brand of macroeconomic theory […] that has been refuted by evidence in many cases in the past."[2] Trotz ihrer Akteurzentrierung, deutet die Kritik einen Zusammenhang

---

[1] UNCTAD (2009, S. 7).
[2] ebd.

Die Kapitelüberschrift lehnt sich an Hans Blumenbergs metaphorologische Studie *Schiffbruch mit Zuschauer* an. Darin verfolgt der Autor Variationen der Metapher des Schiffbruchs mit und ohne Zuschauer durch die europäische Philosophiegeschichte von der Antike bis in die Moderne. Mit Anspielung auf den Robinson-Mythos verweist Blumenberg am Ende seines Aufsatzes auch auf die Schwierigkeiten des metaphorischen Bildprozesses, mit der Schiffbruchsmetapher eine Creatio ex Niholo zu bezeichnen, indem man die Schiffbruchsszene von ihrer „Rahmenhandlung" entkleidet; Blumenberg (2014, S. 78–83).

zwischen der Konstruktion eines rationalen Homo oeconomicus und der theoretischen Konfiguration einer (Um-)Welt dieses Akteurs zumindest an. Gleich zwei Mythen der Ökonomik lassen sich auf den Roman *Robinson Crusoe* zurückführen: Ein Mythos vom ökonomischen Menschen und ein Mythos vom ökonomischen Raum. Der folgende Abschnitt befasst sich mit dem Robinsonmythos als Form des Homo oeconomicus. Der zweite Abschnitt nimmt die Produktion des Inselmythos als Form eines Locus oeconomicus in den Blick.

Von Robinson Crusoe zum Homo oeconomicus

Die Verwendung von Robinson Crusoe als Markenzeichen der neoklassischen Ökonomik und didaktisches Mittel zur Verbreitung ihrer methodologischen Individualismen steht schon länger in der Kritik.[3] Diese Kritik beschäftigt sich hauptsächlich mit der genealogischen Frage, wie durch selektive Lektüre von Daniel Defoes Roman der Akteursmythos der neoklassischen Ökonomik entstanden ist. Mit Robinson Crusoe personifiziert die szientistische Neoklassik ein dem Ideal des Homo oeconomicus entsprechendes isoliertes Individuum, das den universellen Gesetzen abnehmender Grenzerträge und persönlicher Nutzenmaximierung Folge leistet.[4]

Die Kritik der Ökonomik konnte zeigen, dass diese ökonomische (Be-)deutung Robinsons nur in Auszügen und dem Namen nach mit Defoes Romanhandlung im Einklang steht.[5] Der Sinn von Defoes Robinson wurde in weiten Teilen deformiert, um ein Paradigma für den ökonomischen Menschen aus der Taufe zu heben.[6] Diese Umdeutung schien der neoklassischen Wirtschaftstheorie wohl auch deswegen notwendig, weil sie ihren Marktliberalismus von Defoes merkantilistischen Wirtschafsvorstellungen und deren Interventionismus abgrenzen wollte, die im Roman zur Darstellung kommen.[7]

---

[3]vgl. für eine Auswahl kritischer Auseinandersetzungen seit den 1970er Jahren aus rezeptionskritischer, feministischer und postkolonialer Perspektive die Beiträge in Grapard und Hewitson (2011a); zur pädagogischen und didaktischen Funktion von Robinson Crusoe in der Ökonomik vgl. Watson (2011, S. 610); Watson (2018).

[4]vgl. Söllner (2016, S. 36, 40, 45).

[5]vgl. zu einer Auflistung von Unterschieden zwischen der Romanfigur Robinson und dem marginalistischen Kosten-Nutzen-Optimierer White (2011, S. 22 ff.); zu einem ähnlichen Schluss komm auch Söllner (2016, S. 45–55); an der Romanhandlung lasse sich lediglich das Prinzip des abnehmenden Grenznutzens nachweisen, wie Söllner mit Verweis auf William Foster Lloyd bemerkt; vgl. Söllner (2016, S. 47).

[6]vgl. zu dieser Diagnose, die bis heute immer wieder elaboriert wurde, bereits Anfang der 1980er Jahre White (2011).

[7]Zum Zusammenhang von Defoes merkantilistischen Ansichten und seinem literarischen Werk vgl. Novak (1962), der Defoes Ökonomik folgendermaßen zusammenfasst: „In summary, therefore, it may be said that the claims about Defoe's modernity as an economist may be dismissed entirely."

So ist Crusoe Stephen Hymer zufolge ein Ausdruck merkantilistischer Wirtschaftspolitik und nicht neoklassischer Theoreme. Der Roman dient Hymer außerdem als Illustration der ursprünglichen Akkumulation von Produktionsmitteln, wie sie Marx beschreibt, und der damit verbundenen sozialen Einbettung von Produktion.[8] Robinson verdanke seine vorteilhafte Ausgangsposition auf der Insel der Arbeit anderer (verkörpert in den Überbleibseln des Schiffswracks) und den Ressourcen der Insel, die er, ohne dafür bezahlt haben zu müssen, zu seinem Profit ausnutzt und ausbeutet.[9] Als Robinson später auf andere Menschen stößt, gereichen ihm die Überbleibsel der Vergangenheit und die günstige Situation auf der Insel zum kriegerischen und ökonomischen Vorteil. Seine quasi-staatliche Gewalt über die Ökonomie der Insel diene als Rahmenbedingung des Handels und der Akkumulation weiterer kolonialer Ressourcen, auch und gerade Sklaven.[10] Bei seiner Rückkehr nach England ist Robinson durch die Rendite seiner von Sklav*innen bestellten brasilianischen Plantagen in Abwesenheit reich geworden.[11] Der Roman erzähle auf diese Weise von strategischer Implementierung und Ausbeutung merkantilistischer Asymmetrien, nicht von ursprünglicher Äquivalenz, die der Neoklassik als Ausgangslage ihrer Wirtschaftstheorie dient.

Asymmetrie zeichnet auch die merkantilistische Idee von Handel als Nullsummenspiel zwischen Handelspartner*innen aus, das es durch staatliche Eingriffe in die eigene und fremde Wirtschaft für sich zu entscheiden gilt.[12] Defoe vertrat die protektionistische Auffassung, dass der Handel durch Einfuhrzölle auf ausländische und Subventionen einheimischer Waren staatlich reguliert werden müsse und die Kolonien als kontrollierte Abnehmerinnen exportierter Waren und Strafgefangener, die er als überschüssige Arbeitnehmer*innen betrachtet, zum positiven Außenhandelsgleichgewicht Englands beitragen sollten.[13] Als Blaupause für die neoklassische Ökonomik ist Defoes Merkantilismus deshalb ebenso ungeeignet wie das daran ausgerichtete Verhalten seiner Romanfigur.[14]

---

ebd. 31; zu den wirtschaftspolitischen Annahmen des Merkantilismus im Allgemeinen und des englischen Merkantilismus im Besonderen vgl. Stavenhagen (1969, S. 19–22, 24).

[8] vgl. Hymer (2011, S. 43).

[9] vgl. ebd., S. 43, 47.

[10] vgl. ebd., S. 42 f.

[11] vgl. ebd., S. 59 f.

[12] Kern (2011, S. 63), zeigt: Näher an der Romanfigur als die meisten ihrer neoklassischen Lesarten ist Frédéric Bastiats Charakterisierung Robinsons. Bastiat behandele Robinson als Vertreter altmodischer, protektionistischer Ansichten – Freitag verkörpere bei ihm den Fürsprecher des Freihandels –, um dann aber die Robinson-Crusoe-Ökonomie zur Illustration des Prinzips komparativer Kostenvorteile von Außenhandel zu verwenden, die im Roman aber nur in Form eines staatlich protegierten Kolonialhandels mit einseitigem Vorteil für Kolonialisten vorkommt.

[13] vgl. Neill (2011, S. 203 ff.).

[14] Novak argumentiert sogar, dass der Roman als merkantilistischer Angriff auf ökonomische laissez faire-Politik und Individualismus gelesen werden kann; Novak (1962, S. 49).

Wie aber konnte dann auf der Inselbühne der Ökonomik ausgerechnet Robinson Crusoe zum Darsteller der Hauptrolle avancieren? Wie verleiht Robinson dem Begriff des Homo oeconomicus eine Form?

Rousseaus Robinson

Unfreiwilliger Wegbereiter neoklassischer Adaptionen der defoeschen Romanvorlage ist, laut Matthew Watsons Rezeptionsgeschichte der Robinson-Figur in der Ökonomik, Jean-Jacques Rousseau.[15] Auf der Suche nach einer didaktisch nützlichen „Lage […], in der alle natürlichen Bedürfnisse des Menschen sich auf eine dem Geiste des Kindes fühlbare Art zeigen, und wo die Mittel für diese Bedürfnisse zu sorgen, sich nach und nach mit derselben Leichtigkeit entwickeln", stößt Rousseau auf Defoes Roman.[16] Robinsons Lage soll Rousseaus exemplarischen Zögling Émile eine Lehre sein. Für Emile gehe es darum, „daß man sich an die Stelle eines vereinzelten Menschen setze, und dann von Allem urtheile, wie dieser Mensch in Absicht dessen, was ihm selbst nützlich ist, davon urtheilen muß".[17] Der Literaturhistoriker Ian Watt erkennt in Rousseaus, zunächst am individuellen Nutzen orientierter, Lesart des Romans ein „utilitarian theme".[18]

Rousseaus pädagogische Absicht erfüllte das Buch jedoch erst, wenn seine Handlung auf die „wüste Insel" reduziert und damit „von allem seinem Wuste", der Romanhandlung vor dem Schiffbruch und nach der Rettung „gesäubert" wurde, so der Wortlaut der deutschen Übersetzung aus dem Revolutionsjahr 1789.[19] Als Rousseaus Robinson kentert, ist die merkantilistische Rahmenhandlung längst über Bord geworfen. In ausschnitthafter Form präsentiert Rousseau 1762 seinen Leser*innen „Robinson Crusoe auf seiner Insel, allein, von aller Hülfleistung seines Gleichen und allen Kunstgeräthschaften entblößt, und doch für seine Nahrung, für seine Erhaltung sorgend, und sich sogar eine Art von Wohlseyn verschaffend".[20] Von Verzweiflung und dem Wunsch, von der Insel und aus der Einsamkeit zu entkommen, ist bei Rousseaus Robinson nichts mehr zu spüren. Von Robinsons asymmetrischer Beziehung zu Freitag und seinem sozialen Begehren bleibt eine einzelne Randbemerkung.[21] Damit Robinsons Lage ein

---

[15]vgl. Watson (2017, S. 82, 84–87); vgl. zur hernach für andere Lesarten richtungsweisenden Umdeutung *Robinson Crusoes* durch Rousseau auch Watt (1997, Kap. 7); Billig (2009, S. 14); Bellhouse (1982).

[16]Rousseau (1789a, S. 106).

[17]ebd., S. 109.

[18]Watt (1997, S. 175).

[19]Rousseau (1789a, S. 108, 109).

[20]ebd., S. 107 f.

[21]vgl. dagegen Zein-Elabdin (2011, S. 225), die mit Verweis auf zahlreiche Vergleichsstudien zwischen Defoes Roman und seiner individualistischen Rezeption bemerkt: „[E]verything in the novel itself points to Crusoe's dependence on others whether family, friends, business partners,

positives didaktisches Beispiel für Émile sein kann, übergeht Rousseau die Sklaverei im Material, auf das sich seine Texte beziehen, seien es englische Romane, sei es die französische Gesellschaft.[22] Die konkreten Ketten, in denen versklavte Menschen liegen, werden in Rousseaus Sozialvertrag, der im selben Jahr wie Emile erschien, zu den abstrakten metaphorischen Ketten verklärt, in denen der Mensch liegt und aus denen die rousseausche Philosophie ihn befreien will.[23] Zum einen entkleidet Rousseau die von Defoe beschriebene Insel ihrer metaphorischen und konkreten Ketten und diese Ketten ihres zeitgenössischen Sinnzusammenhangs mit der Sklaverei, um seiner Vorstellung der Lage des, vor allem bürgerlichen, Menschen eine Form zu verleihen.[24] Sich auf Rousseau stützende Forderungen nach der Entfesselung des bürgerlichen Menschen konnten damit unabhängig werden von Forderungen nach der Befreiung von Sklav*innen und der Abschaffung der Sklaverei, etwa auf Haiti. Zum anderen romantisierte Rousseau die Sklaverei, indem er sie mit Bezug auf die Antike als eine mögliche Bedingung für Freiheit ins Spiel brachte.[25] So kam es, dass in vielen Fällen selbst energische Befürworter der Sklaverei zugleich Anhänger der rousseauschen Philosophie sein konnten.[26]

Als Mythos aus Rousseaus Feder besiedelt Robinson Crusoe die kollektive Vorstellung und von dort aus die Texte neoklassischer Ökonom*innen, die ihrem Begriff des Homo oeconomicus die Gestalt des rousseauschen Robinsons verleihen und damit die Robinsonfigur zusätzlich informieren.[27] Nachdem Rousseau Robinson aus dessen historisch herkömmlichen, ökonomischen Umfeld entfernt, sein Verhalten im wahrsten Sinne des Wortes naturalisiert und ihn so zu einem Zeichen mit Vorbildfunktion für die antikapitalistische Erziehung Emils gemacht hat, steht der derart reduzierte Sinn der Neoklassik zu Diensten. Diese entfernt nun noch Rousseaus wirtschaftskritischen Impetus und implantiert der solchermaßen deformierten Robinsonform ihren Begriff des ökonomischen Menschen.

Die weitere Rezeptionsgeschichte des Romans in der Ökonomik ist unübersichtlich. Vermutet wird eine direkte genealogische Linie von Rousseaus Robinson über den jüngeren Robinson des rousseauistischen Pädagogen Joachim Heinrich Campe bis

---

slaves or even strangers. Social dependence and a sense of obligation form the most likely ethic that emerges from the story".

[22] Zum Mythos, es habe in Frankreich keine Sklav*innen gegeben, vgl. Peabody (1996).

[23] vgl. ebd., S. 96.

[24] vgl. Dobie (2010, S. 1 f.).

[25] vgl. Falaky (2015, S. 16).

[26] vgl. ebd., S. 11–19.

[27] Watson weist darauf hin, dass diese erneute Deformierung des Sinns nur gegen Rousseaus Absicht erfolgen konnte, (2017, S. 94); zur Kritik Rousseaus am ökonomischen Menschen und dem Aufkommen des Kapitalismus vgl. auch Bellhouse (1982).

zur ersten Verwendung der Robinsonfigur am Anfang des Marginalismus in der Grenzwerttheorie Hermann Heinrich Gossens Mitte des 19. Jahrhunderts. Als vermeintlich empirischen Beleg für seine Werttheorie zieht Gossen die literarischen Beschreibungen aus Campes Adaption von Rousseaus Robinsonmythos heran, als „Erfahrungen, wie sie uns die Wirklichkeit giebt".[28] Gossen wurde indes von den Marginalisten erst mit Verspätung rezipiert und als Mitbegründer der Neoklassik erst anerkannt, als Robinson sich als Personifikation des ökonomischen Menschen bereits teilweise auf anderem Wege etabliert hatte.[29] Ufuk Karagöz glaubt deswegen, dass Robinson sich in die neoklassische Ökonomik weniger über Gossen als vielmehr über Henry Charles Careys Rezeption von Richard Whately und dem gegenseitigen Einfluss von Frédéric Bastiat und Carey einschiffte.[30] Carey könnte durch Whately auf „an individual of mature age, thrown upon and sole occupant of an island" gestoßen worden sein, auf das er seine Werttheorie aufbauen konnte,[31] um gut 20 Jahre später in seinem Hauptwerk immer wieder und jetzt auch explizit auf Robinson Crusoe als exemplarischen Wirtschaftsakteur zurückzukommen.[32] In der Zwischenzeit hatte Bastiat der Crusoefigur einige Popularität in der neoklassichen Ökonomik des Freihandels verschafft.[33]

Bei allem Interesse an der neoklassischen Akteurskonstruktion blieb eine mögliche frühere Verbindung zwischen dem Roman *Robinson Crusoe* und der klassischen Ökonomik unerforscht. Eine solche Verbindung wurde theoriegeschichtlich mit Verweis auf Whately teilweise sogar geradeheraus verneint. Dieser klassische Bevölkerungsökonom und Geistliche schrieb 1831,[34] Defoes einzelner Schiffbrüchiger auf einer einsamen Insel sei „in a situation of which Political-Economy takes no cognizance".[35] Whately zufolge müsse die klassische Ökonomik den methodologischen Individualismus und die Insel-Situation mit Verweis auf fehlende Tauschhandlungen von vornherein ablehnen.[36] Zudem bevölkert Robinson weder die Theorien Adam Smiths noch David Ricardos, weder Jean-Baptiste Says noch John Stuart Mills, noch Thomas Robert Malthus', die

---

[28]Gossen (1854, S. 45 f.); vgl. Watson (2017, S. 86 f.); Watt weist darauf hin, dass Campes Roman in Kontinentaleuropa noch erfolgreicher war als Defoes und eine noch radikalere Isolation beschreibt; Watt (1997, S. 177 f.).

[29]Watson (2017, S. 93).

[30]vgl. Karagöz (2014); vgl. Bastiat (1996a, S. 64, 96, 175 f., 218, 222); vgl. Stavenhagen (1969, S. 100).

[31]Carey (1837, S. 7).

[32]vgl. Carey (1858, S. 96, 176, 181, 201).

[33]vgl. Bastiat (1996b). Bei Bastiat muss der Merkantilist und Protektionist Crusoe erst vom Freihandelsverfechter Freitag aufgeklärt und von den Vorteilen des Freihandels überzeugt werden; vgl. zu dieser ungewöhnlichen, inversen Asymmetrisierung, die einer genaueren Analyse bedarf, Karagöz (2014).

[34]vgl. Mcgauran und Offer (2015).

[35]Whately (1831, S. 7); vgl. Karagöz (2014); Söllner (2016, S. 38).

[36]vgl. Whately (1831, S. 7 f.).

heute als die Klassiker der Klassik gelten.[37] Nominell verschwand Robinson also knapp anderthalb Jahrhunderte von der ökonomischen Landkarte, um erst in der Neoklassik wiederaufzutauchen.[38] Vermutlich setzt deswegen auch die, zumal akteurszentrierte, Kritik des Robinson-Mythos frühestens am Beginn der Neoklassik an.[39] Immerhin vermerkte Karl Marx in einer ephemeren Notiz einen, wenngleich nicht nominellen, Zusammenhang zwischen den von Rousseau geprägten Robinsonaden und dem Individuumsmythos der klassischen Ökonomik von Smith und Ricardo.[40]

> *„Der einzelne und vereinzelte Jäger und Fischer, womit Smith und Ricardo beginnen, gehört zu den phantasielosen Einbildungen der 18.-Jahrhundert-Robinsonaden, die keineswegs [...] bloß [...] Rückkehr zu einem mißverstandnen Naturleben ausdrücken. So wenig wie Rousseaus contrat social, der die von Natur independenten Subjekte durch Vertrag in Verhältnis und Verbindung bringt, auf solchem Naturalismus beruht. Dies Schein und nur der ästhetische Schein der kleinen und großen Robinsonaden. Es ist vielmehr die Vorwegnahme der ‚bürgerlichen Gesellschaft' [...]. In dieser Gesellschaft der freien Konkurrenz erscheint der Einzelne losgelöst von den Naturbanden usw. [...] Den Propheten des 18. Jahrhunderts, auf deren Schultern Smith und Ricardo noch ganz stehn, schwebt dieses Individuum des 18. Jahrhunderts [...] als Ideal vor, dessen Existenz eine vergangne sei. Nicht als ein historisches Resultat, sondern als Ausgangspunkt der Geschichte. Weil als das naturgemäße Individuum, angemessen ihrer Vorstellung von der menschlichen Natur, nicht als ein geschichtlich entstehendes, sondern von der Natur gesetztes. Diese Täuschung ist jeder neuen Epoche bisher eigen gewesen."*[41]

Dadurch, dass sich Theorie und Kritik auf die Akteurpsychologie und anthropologische Prämissen fokussierten[42], trat jedoch eine entscheidende Voraussetzung des Robinsonmythos in den Hintergrund – die wenn nicht einzige, so doch persistenteste Übereinstimmung zwischen allen Robinsonen. Die Rede ist vom Topos der Insel. Erst diese *Lage,* in der Rousseau seinen Robinson fixiert, die *world,* die die UNCTAD wegen mangelnder sozialer Komplexität kritisiert, bietet die notwendigen räumlichen Bedingungen für Emiles Erziehung, den romantischen Individualismus und später für

---

[37]vgl. Stavenhagen (1969, Kap. 2); besonders für Adam Smith ist – pace Marx – geltend zu machen, dass er in vielem, vor allem in seinem Begriff der *sympathy* und der Theorie der *moral sentiments* (des moralischen Urteilens) einerseits, andererseits in seiner Ablehnung des Merkantilismus, Distanz zu Robinsonaden hält; vgl. Ronge (2015); Smiths *Wealth of Nations* war „ein polemischer Angriff auf den Merkantilismus" (ebd., S. 417) und „gegen den merkantilistischen Protektionismus" (ebd., S. 374).

[38]vgl. Watson (2017, S. 83).

[39]vgl. Grapard und Hewitson (2011b, S. 5).

[40]vgl. Billig (2009, S. 143); damit übte Marx bereits früh Kritik an einer „Anthropologie" und „Poetik des Ökonomischen Menschen"; Vogl (2007, S. 552).

[41]Marx (1971, S. 615 f.).

[42]Dieser Fokus kommt auch durch die Kategorisierung von Defoes Text als erstem Roman zustande, eine Textgattung, die als Auseinandersetzung mit dem einzelnen Individuum gilt; vgl. Grapard (1995, S. 38).

das ökonomische Handeln neoklassischer Robinsone. Auf solche Inseln·stößt man allenthalben schon an den Gestaden der klassischen Ökonomik. Zwar sind sie hier nicht von Robinson Crusoe bewohnt, trotzdem soll der Vermutung nachgegangen werden, dass der Roman und seine Mythifizierung durch Rousseau Einfluss auf diese Inselformen hatte.

Von Robinsons Insel zum Locus oeconomicus

Wiederum ist es Rousseaus Relektüre Defoes, die ein Bild der Robinsoninsel geformt und dabei einen historischen Inselbegriff mitgeprägt hat.[43] „Erst Rousseaus derart ‚bereinigte' Lesart des Robinson hat es möglich gemacht, Defoes Roman künftig mit einer romantischen Vision einsamen Inselglücks zu verbinden."[44] Ferner bemerkt Watt: „Defoe was no islomaniac; his basic ecological ideal was, alas, not nature and the natural life, but the urbanization of the countryside. [...] Rousseau *was* an islomaniac; his own values are reflected in his view of *Robinson Crusoe;* he wants, not economic *laisser faire,* but the individual psychology of *laissez-moi faire,* experienced in natural scenery which is assumed, *a priori,* to be beautiful in itself."[45] Rosseau beschreibt die Insel als paradiesischen Naturzustand, fernab von und zeitlich vor der Gesellschaft und ihren schädlichen, sozialen Einflüssen. Indem Rousseau die Inselepisode vom sozialen Rest der Romanhandlung, ihrer Vor- und Nachgeschichte isoliert, konstruiert er sie für Emile und seine Leser*innen als Anfangspunkt der Erziehung und Vorbereitung zur reflektierten Sozialisation.[46] Bar ihres sozialen Aprioris erscheint die einsame Insel damit zugleich als eine ahistorische Insel.[47] Robinsons Insel soll so für Emile als Idealzustand, „der Zustand, nachdem er alle andern schätzen muß" und als deren epistemologischer Vergleichsgesichtspunkt dienen.[48] Gewissermaßen extrapoliert Rousseau aus der naturbelassenen Insellage das normative Ideal und eine Allegorie für die soziale Welt: „Die Insel des menschlichen Geschlechts ist die Erde."[49]

Nicht bloß durch *Emile,* auch mit anderen Texten, allen voran den autobiografischen, trägt Rousseau im 18. Jahrhundert zum kollektiven Mythos insularer Isolation bei, der sich aus einem Meer alternativer Inselvorstellungen und -darstellungen erhebt (s. o. Kap. 2). Damit ist nicht nur der Horizont der Robinsoninterpretationen

---

[43]vgl. Watson (2017, S. 83 f.).
[44]Billig (2009, S. 142).
[45]Watt (1997, S. 176); Hvg. i.O.
[46]vgl. zu intrikaten Problemen der Anfangserzählungen bei Rousseau Koschorke (2005), der allerdings den Wald, und nicht die Insel, als Topos der Verhandlung solcher Anfangsprobleme behandelt.
[47]vgl. Billig (2009, S. 141).
[48]Rousseau (1789a, S. 109).
[49]ebd., S. 22.

abgesteckt, sondern auch ein Rahmen für ökonomische Inselbilder.[50] Von Rousseau ausgewählte Aspekte verleihen seiner Inselform Konturen, die noch der Neoklassik bei der Konstruktion ihres Robinson vor Augen standen und schon die Inselvorstellung des 18. Jahrhunderts und der klassischen Ökonomik maßgeblich beeinflusst haben.[51] Die Selektivität der Aspekte ermöglicht im mythologischen Vergleich von Rousseau und Defoe zugleich eine Kritik des Inselmythos. Wie beschreibt Defoes Robinson die Ausgangssituation auf der Insel und wie verhält er sich dazu? Was bleibt davon bei Rousseau übrig? Bei der Bearbeitung dieser Fragen kann man einerseits auf die Versuche der Mythosproduktion stoßen, literarische Ambivalenzen in Eindeutigkeiten und Kultur in Natur zu verwandeln, andererseits auf die gegenläufigen Versuche der Romanfigur, eine ambivalent präfigurierte Natur durch Konfigurationen des Raumes zu vereindeutigen.

Nominelle Ambivalenz

Defoes Robinson gibt der Insel zwei Namen, beschreibt sie aus zwei Perspektiven und bilanziert seine Lage unter zwei Gesichtspunkten. Nachdem Crusoe auf dem Weg von Brasilien nach Guinea, wo er Sklaven für seine Plantagen kaufen will, Schiffbruch vor der Ostküste Südamerikas erlitten hat und als einziger Überlebender das rettenden Ufer erreicht, nennt er „diese trostlose, unglückselige Insel" ein „Eiland der Verdammnis".[52] Im Roman liegt Robinsons Insel von Anfang an auf dem Abweg des transatlantischen Sklavenhandels. Ihr erster Name spiegelt den Verlust des – für den Sklavenhändler ressourcenreichen und gewinnversprechenden – Kontinents und seiner ‚Besitztümer', der potentiellen Opfer der Sklaverei, die Crusoes Ausgangspunkt und Ziel gewesen waren. Später zeigt sich, dass Crusoe den Kontinent vor allem im Vergleich zur „Ausweglosigkeit meiner Lage" auf der Insel idealisiert hat.[53]

Der zweite Name der Insel ist das Resultat der Unterscheidung der Insel nicht vom Festland, sondern vom Meer. Der Blick richtet sich nicht vom Kontinent, sondern vom Meer aus auf die Insel. Noch unter dem Eindruck, bei einer Erkundungsfahrt beinahe auch die Insel und sein Leben an die Gefahren des Meeres verloren zu haben,[54] bezeichnet Crusoe die Insel als „Eiland der Glückseligkeit".[55] Er fasst die Logik hinter der Ambivalenz der Inselnamen wie folgt zusammen: „Wir erkennen eben nie den Wert unserer Lage, ehe er uns nicht durch ihr Gegenteil demonstriert wird, und wir schätzen

---

[50] vgl. Billig (2009, S. 144–152); als „Leitmotiv" des rousseauschen Inselmythos identifiziert Billig die Unterscheidung von „feindlicher Umwelt und insularer Erlösung"; ebd. S. 147.

[51] vgl. Grove (1997, S. 230); Billig (2009, S. 144 ff.).

[52] Defoe (2008, S. 84).

[53] ebd., S. 334.

[54] vgl. schon früh im Roman, ebd., S. 19.

[55] ebd., S. 158.

zu wenig, was wir besitzen, ehe wir es verlieren."[56] Zum Zeitpunkt, als er das denkt, hat Crusoe bereits von der Insel Besitz ergriffen. Dieser drohte mitsamt seinem Besitzer ans Meer verloren zu gehen.[57] Vis-à-vis dem Meer verbucht Crusoe die Insel als Gewinn.

Für Rousseaus Schüler Emile veranschaulicht Robinsons Insel einen Ort der Glückseligkeit, aber auf Grundlage anderer Unterscheidungen. Ohne Unterscheidung vom Meer ist die einsame Natur auf der Insel gegenüber der Gesellschaft und Kultur auf dem Festland für Rousseau ein pädagogischer Gewinn, obwohl, oder gerade, weil sie ein unwahrscheinliches Ideal darstellt, an dem sich die Kultur messen lassen kann. Rousseau möchte seinem Emile eine vorbildliche, weil natürliche, Lage schildern, die unabhängig von der Gesellschaft ist. Andersherum sieht Defoes Crusoe die Insel erst als glückselig an, als sie nicht mehr in ‚Besitz' der Natur, sondern in seinem Besitz ist und den Naturgewalten des Meeres entgegensteht.

Obwohl sich Defoes Crusoe in einer Subsistenzwirtschaft einrichtet, findet er sich nicht damit ab. Seine Sehnsucht und sein Begehren nach einem Mehr jenseits der Insel bleibt eine Grundlage der ambivalenten Bewertung der Insel zwischen Subsistenz und der permanenten Insistenz eines Knappheitsgefühls.[58] Dem liegt die Vorstellung zugrunde, dass das menschliche Begehren prinzipiell unersättlich ist. Rousseaus Robinsonlektüre geht hingegen davon aus, dass das menschliche Begehren im Naturzustand zu befriedigen ist und erst in sozialen Beziehungen ins unendliche übersteigert wird. Die Insel ist für ihn der Ort der Restriktion sozial induzierten Begehrens. Im Unterschied zur kontinentalen Gesellschaft herrsche auf ihr deswegen gerade keine Knappheit. „Die wirkliche Welt hat ihre Gränzen, die Welt der Einbildung ist unendlich. Da wir die eine nicht erweitern können, so laßt uns die andere beschränken, denn bloß ihre Unübereinstimmung wirkt alle Leiden, so uns wahrhaft unglücklich machen", schreibt Rousseau.[59] In diesem Sinne repräsentiert die Insel nicht nur die Grenzen der realen Welt, sondern zugleich den Ort, an dem das Begehren von Natur aus diesen Grenzen entspricht, ohne dass die menschliche Natur mit den Beschränkungen der Welt in Konflikt geriete.

Ein solcher Konflikt aber deutet sich auf der Insel im Roman an. Dort bringt Crusoe die Ambivalenz seiner insularen Lage in einer Bilanz zum Ausdruck, in der er Vergangenheit und Gegenwart vergleicht und so im Wesentlichen zwei Punkte aufführt. Unter „Betrüblich" verzeichnet Crusoe seine Einsamkeit und Schutzlosigkeit und das damit einhergehende Bedürfnis nach Gesellschaft und Schutz. „Tröstlich" nennt er sein Überleben und wiederum seine Isolation, insofern sie seinem Schutz dient. Crusoe bilanziert die Isolation also auf beiden Seiten seiner „kaufmännischen Rechnung",

---

[56]ebd.

[57]vgl. ebd., S. 116.

[58]vgl. zum auch auf der Insel fortlaufenden Begehren von Defoes Robinson Bellhouse (1982, S. 131 f.).

[59]Rousseau (1789b, S. 290); vgl. Xenos (1989, S. 23–26).

die simultan betrüblich und tröstlich ist.[60] Ein Verlust der Isolation würde für Crusoe gleichermaßen Lebensgefahr und eine Chance auf Rettung bedeuten.[61] Weil sich Rousseaus Robinson von vornherein außer Lebensgefahr, abseits einer Vergangenheit, ohne Bedrohung von außen und zunächst frei vom Bedürfnis nach Gesellschaft befindet, ist für ihn die Isolation ausschließlich positiv konnotiert, eine Bilanz erübrigt sich.

Epistemologische Ambivalenz

Neben den Blicken vom Meer oder Festland liefert der Roman zwei Perspektiven, aus denen Crusoe die Insel von innen heraus beschreibt und beurteilt. Aus der ersten Perspektive erkennt Crusoe bald nach seiner Strandung, dass er sich auf einer Insel befindet. Von oben herab, auf dem „Gipfel des Hügels", begreift er zu seinem Erschrecken, dass das Land, auf dem er steht, von Wasser umgeben ist und außerdem „ziemlich wüst und unfruchtbar und allem Anschein nach unbewohnt".[62] Von dort entdeckt er aber in Sichtweite der Insel im Westen zwei weitere Inseln und „einige Klippen".[63] Die Entdeckung macht ihm zunächst Hoffnung auf einen Ausweg aus der Isolation. Der Blick von oben unterscheidet die Insel von einer größeren Inselwelt.[64] Die Panoramaperspektive lässt die Umgebung der Insel, das Meer und die fernen Landmassen, aber auch als undefinierte, mitunter gefährliche Wildnis und Natur erscheinen, sobald Crusoe sich die Insel genauer erschlossen und sich darauf häuslich eingerichtet hat.[65] Zunächst versichert der Überblick Crusoe seiner ausweglosen, doch zugleich ungefährdeten Lage.

Von unten, im Landesinneren verliert Crusoe einmal die Orientierung, als er den richtungsweisenden Strand verlässt und dessen definitorische Linie aus dem Blick verliert.[66] Aus dieser zweiten Perspektive erscheint die Insel jedoch auch, anders als von oben vermutet, nicht wüst und unfruchtbar, sondern geradezu paradiesisch und ressourcenreich.[67] Diesen Eindruck gewinnt Crusoe aber wieder erst, als er sie in seinem Besitz wähnt. Crusoes Versuch, sein „Reich[...]" zu umrunden und dabei sein „kleines Königreich näher zu erforschen und dessen Größe festzustellen", scheitert.[68] Vom Meer

---

[60]Defoe (2008, S. 78 f.).

[61]vgl. ebd., S. 76.

[62]ebd., S. 63.

[63]ebd., S. 125; vgl. ebd., S. 63.

[64]vgl. zu Defoes Blick von oben, der profitables von unprofitablem Land unterscheidet, Marzec (2007, S. 52 f.).

[65]vgl. Defoe (2008, S. 125 f.).

[66]vgl. ebd., S. 128.

[67]vgl. ebd., S. 116, 118.

[68]ebd., S. 155–160.

aus, von außen, bekommt Crusoe sein ‚Reich' nie ganz zu Gesicht.[69] Das Zusammenspiel von Land und Meer verhindern ein definitorisches Einkreisen der Insel. Ein weit ins Meer ragendes Riff, eine Sandbank unter der Meeresoberfläche und die Strömung entlang der Inselküste machen die Umgebung der Insel teilweise unschiffbar.[70] Von außen lässt sich die Insel gar nicht, von innen nicht eindeutig erfahren.

Doch das Wechselspiel von Land und Wasser erschwert Crusoe nicht nur die Definition, Vermessung und Bewertung seines ‚Reiches', es stellt noch dazu die ontologische Gewissheit der Grenzen dieses Reiches immer wieder infrage. Die bei Ebbe unpassierbaren Untiefen sind bei Flut teilweise befahrbar.[71] Zugleich ist die Insel an manchen Stellen bei Ebbe vom Meer aus unkontrollierbar zugänglich. Bei niedrigem Wasserstand kommen von außen wiederholt Menschen auf die Insel, die Crusoe als „Wilde" diffamiert und der Wildnis außerhalb der Insel zurechnet.[72] Crusoes Kontrolle über seinen selbsterklärten ‚Besitz' und dessen Besitzbarkeit hängen damit von den Gezeiten ab, die die Grenzen der Insel öffnen und schließen, erweitern und verengen, sowie periodisch anzweifeln. Im Takt der Tide kommt und geht aber nicht nur Crusoes Angst vor konkurrierenden Besitzansprüchen, sondern auch seine Hoffnung auf Rettung.[73] Indem die Bedeutung des Meeres zwischen seiner Verbindungs- und Trennungsfunktion schwankt, changiert die Bedeutung der Insel für Crusoe zwischen Isolation und Permeabilität.

Isolationsmaßnahmen: *Enclosure*

In seiner anfänglichen Verzweiflung stellt Crusoe einmal fest, dass „das Meer [...] keine Riegel und Bolzen [hatte], die ich nur hätte entfernen müssen".[74] Als er seine Herrschaft auf der Insel implementiert, um seine Insel der Glückseligkeit und damit seinen Besitz zu sichern, ist es Crusoe selber, der nun Teile der Insel verschließt und verriegelt und damit jene definitorische Eindeutigkeit und ontologische Gewissheit verfertigt, die die Insel bei Rousseau von Beginn an, von sich – und das heißt von Natur – aus besitzt.

Anders als Rousseaus Inselmythos nahelegt repräsentiert Defoes Insel keineswegs einen voraussetzungslosen Anfang. Gleich dreimal lässt Defoe seinen Protagonisten neu

---

[69] Zu diesem Beobachter*innenproblem bemerkt Gillian Beer: „The island is both total and local, seeming to reconcile the conflicts between totalizing systems and local knowledge which have been a topic of much recent theory. It emphasizes both inhabiting and observing. The observer comes in upon a complete world secured within natural boundaries; the island can be observed fully only by inhabiting it." Beer (1989, S. 21 f.).
[70] vgl. Defoe (2008, S. 156).
[71] vgl. ebd., S. 170.
[72] ebd., S. 202.
[73] vgl. ebd., S. 187.
[74] ebd., S. 130.

Isolationsmaßnahmen: *Enclosure*

ansetzten, von seiner Geschichte auf der Insel zu berichten.[75] Und gleich dreimal verweisen diese erzählerischen Anfänge auf die Crusoes Strandung vorgängigen Ereignisse und die kulturellen Voraussetzungen dafür, dass die Insel für Robinson als Ort des Neuanfangs fungieren kann.[76] Folglich sieht sich Crusoe auf der Insel lediglich „in *eine Art* natürlichen Urzustand zurückversetzt".[77] Freilich gelingt Rousseau im Gefolge Defoes keine überzeugende erzählerische Konstruktion eines Anfangs *ex nihilo* oder *ex natura*.[78] Auch für seinen Emile beginnt die Geschichte der Insel bereits im Raum der Kultur, wenn auch mit deren Havarie. Mit dem Schiff verschwindet angeblich auch die Kultur im Meer. Im Unterschied zu Defoes Roman spielen die historischen Voraussetzungen bei Rousseau keine Rolle mehr, wenn er zu den Details der Robinsonade fortschreitet, auf die es ihm für seinen Emile ankommt.

Unter diesen Details sticht eine Gruppe besonders hervor, weil sie einerseits Rousseaus kritische Wertschätzung des durch landwirtschaftliche Arbeit erworbenen Privateigentums an Boden tangiert und andererseits zentral für Defoes Beschreibung der Art und Weise ist, in der Robinson den Inselraum strukturiert und sich aneignet. Rousseau fordert von Emile, dass er sich mit Robinson identifiziere: „[D]er Kopf solle ihm davon schwindeln; er solle sich unaufhörlich mit seinem Schlosse, mit seinen Ziegen, mit seinen Pflanzungen beschäfftigen."[79] Offenbar hält Rousseau diese umgrenzten Besitztümer für keine „Wuste", keine Nebensächlichkeiten, des Romans und Robinson für ihren naturrechtmäßigen Eigentümer. Mangels Konkurrenz, beansprucht Defoes Robinson „alle Besitzrechte" an der Insel,[80] oder zumindest an allem ihm Nützlichen, und erhebt noch dazu Anspruch auf die absolutistische Herrschaft über sein Inselreich.[81] Indem er den Inselraum besetzt, meint er ihn zu besitzen. Doch solange der Raum nicht eindeutig abgegrenzt ist, bleibt die Besetzung allzu leicht anfechtbar und der Besitz unsicher.

Durch materielle und diskursive Eingrenzungsmaßnamen konvertiert Crusoe den Inselraum von Natur in Kultur und Eigentum.[82] Crusoes Bemühungen, aus dem ambivalenten Inselraum einen geschlossenen Raum zu konstruieren, können als ein Hauptmotiv des Romans gelten.[83] Allein elf Textstellen widmen sich Crusoes Konstruktion halbkreisförmiger Wallanalagen zum Schutz seines kultivierten Eigentums vor der fremden

---

[75]vgl. ebd., S. 56, 76, 84.

[76]Dabei geht es neben den Vorräten auch um Tinte und Papier, um den Anfang ins literarische Werk zu setzen, vgl. ebd., S. 59, 76, 85.

[77]ebd., S. 135; Hvg. LH.

[78]vgl. auch Koschorke (2005).

[79]Rousseau (1789a, S. 109).

[80]Defoe (2008, S. 116).

[81]vgl. ebd., S. 147, 156, 167.

[82]vgl. Graziadei (2015, S. 424); Defoes Roman ist damit im Wortsinn „Erbauungsliteratur", Echterhölter (2013b, S. 273).

[83]Sie werden an ettlichen Stellen beschrieben, vgl. Defoe (2008, S. 64, 66, 70, 85, 91, 95, 98, 118, 123, 133, 136, 165, 166, 170 f., 180, 182, 233).

Naturgewalt der Wildnis von außerhalb der Insel.[84] Ergebnis dieser Konfigurationsmaßnahmen sind unter anderem die von Rousseau aufgezählten Gebäude, Gehege und Äcker, aber auch allgemeiner die Insel als Repräsentantin einer Ordnung des Raumes.[85] Infolge der arbeitsamen landwirtschaftlichen *cultura* und *clausura* des Raumes wird der ‚Besitz durch Besetzung' umgedeutet zum rechtmäßigen und moralischen „Verdienst" des Besetzers, zu seinem Eigentum.[86] In Crusoes Maßnahmen spiegeln sich historische Entwicklungen – „Much of England was still open in 1700; but most of it was enclosed by 1840 [...] Enclosure – rightly named – meant the closing of the countryside"[87] – und Defoes eigene imperial-ökonomische Ansichten, wie Robert Marzec nachweist:

> „It is not only Crusoe who fears uncultivated land and achieves order by enclosing it; Daniel Defoe himself was a great believer in the power of enclosures to establish a radically new mode of enlightened (imperial) existence that transformed the land into an object to be mastered by humankind. In *A Tour through the Whole Island of Great Britain*, Defoe surveys the domain of England's immediate landscape, cataloging in some six hundred pages every quarter of English soil. Throughout, he advocates the scientific and market-driven normalization of the land, valorizing enclosures as '*islands of improvement in a sea of open-field.*'"[88]

Defoes Inselmetapher macht es noch einmal deutlich: Erst durch *enclosure* ringt der Mensch dem offenen Meer das Land ab, erhöht dessen wirtschaftliche Profitabilität (improve), bringt es ins rechte Maß (normalize) und konfiguriert es als insulare Ordnung. Das metaphorische Meer repräsentiert dabei die Dreifelderwirtschaft der Allmende (openfield), die Wildnis, deren Gefahren es zu bannen gilt. Es ist Marzecs Verdienst, auf den politischen Hintergrund dieser Metaphorik hingewiesen zu haben: Nachdem in England Einfriedung und Privatisierung von Wiese und Ackerland erst zur wirtschaftspolitischen Norm und bald zur sozialen Normalität geworden waren, verschob sich die Bedeutung der Allmende. Sie wurde nicht nur für ökonomisch nutzlos erklärt, sondern, aufgrund ihrer überindividuellen Besitz- und Nutzungsverhältnisse, schon bald zur Gefahr für die wirtschaftliche und politische Ordnung. Lange Zeit im Zentrum der Dorfgemeinschaft gelegen, wurden die Allmende und ihre Bewohner*innen (Gypsies, Vagabunden, Arbeits-

---

[84]vgl. Nowka (2010, S. 41).

[85]vgl. Marzec (2002, S. 134, 137).

[86]Echterhölter (2013b, S. 274).

[87]Neeson (1996, S. 5); „open" heißt hier nicht offen nach außen, sondern nach innen; Jeanette Neeson verweist außerdem auf den Einfluss von David Chambers und Garrett Hardin auf die Wahrnehmung der Allmende als ökonomisch unterlegene Landschaftsordnung im 20. Jahrhundert. Dabei wurde diese Ansicht im 18. und 19. Jahrhundert kontrovers diskutiert und konnten nur mithilfe einer Mythifikation der eingehegten Landschaft plausibel und politisch wirksam gemacht werden; vgl. ebd., S. 7; vgl. Hardin (1968); Chambers (1953); Chambers und Mingay (1966).

[88]Marzec (2002, S. 130); zweite Hvg. LH.

migranten, vertriebene Farmer) nun topologisch in die Peripherie ausquartiert. Sie galt als gleichermaßen wirtschafts- und staatsfern, unkultiviert, unzivilisiert und wild. Die Perspektive des urbanen Zentrums auf den Raum der Allmende und ihre Einwohnerinnen glich in vielen Aspekten dem imperialen Blick auf die ‚savage' Territorien der Kolonien in Amerika, Afrika, Indien und des Pazifiks sowie auf deren indigene Bevölkerungen.[89]

Die *enclosure* ist nicht nur das Ergebnis von Landvermessung,[90] im Falle Robinsons ist sie in erster Linie deren Voraussetzung. Erst die Einfriedung bietet den Raum für Crusoes „ökonomische Praktiken"[91], sein *improvement,* sein Messen und sein Planen,[92] sein Haushalten, Prognostizieren und Berechnen all dessen, und nur dessen, was zu seiner Subsistenz nötig ist.[93] Wenn Rousseau später gerade an die „unaufhörlich[e]" Beschäftigung seines selbstgenügsamen Robinsons mit der *enclosure* gemahnt, dann präsentiert er diese Maßnahmen als solche, die notwendigerweise aus dem Naturzustand Robinsons auf der Insel resultieren müssten, wenn „dieser Mensch in Absicht dessen, was ihm selbst nützlich ist" sein Leben und den Raum gesellschafts- und vorurteilsfrei „nach den wahren Verhältnissen der Dinge zu ordnen" beginne.[94] Die Kultur der Isolation scheint bei Rousseau im Naturzustand bereits angelegt zu sein.[95] Die Insel wird zum Schauplatz dieser natürlichen Kultur.[96] Sie ist gleichermaßen Topos der Naturalisierung von Isolation und der isolierten Natur. Weil die Insel von der Kultur ‚isoliert' (abgelegen) ist, erscheint sie natürlich, und weil sie natürlich ist, erscheinen Crusoes Isolationsmaßnahmen (Kultivierung) als Resultate der Natur. Wenn die Insel dergestalt den Naturzustand repräsentiert, kann auf ihr die Natur einer reinen Ökonomie und eines ökonomischen Akteurs ohne wirtschaftsfremde Einflüsse inszeniert werden.

Zwischenraum: Rassismus

Die Isolation der Insel konsolidiert und naturalisiert eine im Gegensatz zur fluiden Land-Wasser-Scheide stabile Schwelle, eine Position zwischen den *islands of improvement* der ökonomischen Kultur und dem *open field* und Meer der Natur. Diese vorgeblich natürliche Schwelle ist ein Ort des Rassismus. Defoe und Rousseau verweisen

---

[89]vgl. ebd., 139; vgl. Marzec (2007, S. 58 ff.)
[90]vgl. Marzec (2002, S. 138).
[91]Echterhölter (2013a).
[92]vgl. Defoe (2008, S. 81).
[93]vgl. ebd., S. 146.
[94]Rousseau (1789a, S. 109).
[95]vgl. Koschorke (2005, S. 252 f.).
[96]vgl. auch Billig (2009, S. 142); in seinem Diskurs über Ungleichheit, und ohne Verweis auf Robinson, erkläre Rousseau die Insel zum Entstehungsort von Gesellschaft und Sprachen; vgl. ebd. S. 146.

Freitag auf die Schwelle. Rousseau stilisiert diesen in nur einem Satz zum personifizierten Übergang vom Natur- in den Gesellschaftszustand: Freitag sei Robinsons Lebensabschnittsgefährte und Emils imaginärer Begleiter, der jenem auf dessen natürlichen Weg in die Gesellschaft und die libidinöse Adoleszenz „nicht lange mehr genug seyn wird".[97] Für Defoes Crusoe ist Freitag von Anfang an „Diener" und „Sklave[...]".[98] Weder traut, noch gesteht er ihm zu, die Schwelle zu dem, was er als Kultur betrachtet, vollständig zu überschreiten.[99] Er erklärt den seiner Ansicht nach niedrigen zivilisatorischen Stand Freitags damit, dass es diesem und den anderen ‚Wilden' schlicht an Anlässen zur Kulturentwicklung gefehlt habe.[100] Crusoe führt diese Vermutung nicht weiter aus. Liest man seinen Werdegang auf der Insel aber als Allegorie einer Menschheitsgeschichte, liegt es nahe, die Knappheit und Einsamkeit auf der Insel als Anlass für seinen ‚zivilisatorischen' Fortschritt, etwa die *enclosures,* zu betrachten. So versucht Crusoe, Freitag seine eigene Inselvorstellung und koloniale Topologie anzuerziehen.[101] Dem Stereotyp des sogenannten „edlen Wilden" entsprechend platziert Crusoe Freitag zwischen den beiden Wällen seiner Burg, wo er weder ganz drinnen bei ihm in der angeblichen ‚Zivilisation', noch ganz draußen in der sogenannten ‚Wildnis' (und bei den anderen ‚Wilden') ist.[102] Bis auf wenige Ausnahmen hat die Neoklassik das Machtgefälle zwischen Crusoe und Freitag (und anderen nicht-weißen Personen), das sowohl bei Defoe als auch Rousseau eine Rolle spielt, aus ihrem Skript des Mythos gestrichen.[103]

Ausblick auf ein Bevölkerungsproblem

Zuvor trat mit Freitag ein Bevölkerungsproblem auf den Plan der ökonomischen Insellandschaft. „Da es jetzt zwei Personen zu versorgen galt, mußte ich auch mehr Ackerland bebauen als bisher, so daß ich ein größeres Stück Land absteckte und auf die gleiche Weise umzäunte wie zuvor."[104] Auch die später auf Crusoes Insel landenden Seeleute

---

[97] Rousseau (1789a, S. 111).
[98] Defoe (2008, S. 218, 222).
[99] vgl. ebd., S. 245.
[100] vgl. ebd., S. 229.
[101] vgl. ebd., S. 243.
[102] vgl. ebd., S. 228; vgl. auch ebd., S. 225 f. zu Crusoes Beschreibung von Freitags Aussehen; dazu auch Grapard (1995, S. 45 f.); zur Darstellung Freitags als edlen Wilden in Illustrationen späterer Fassungen des Romans, vgl. Blewett (1986); zur mitunter rassistischen Hierarchisierung von Menschen im Robinsonroman, vgl. Hymer (2011, S. 60); zum Mythos des edlen Wilden, vgl. Ellingson (2001), der zeigt, dass der Begriff nicht, wie oft behauptet, von Rousseau stammt, sondern aus dem 17. Jahrhundert und im 19. Jahrhundert in rassistischen Anthropologien wiederauftauchte.
[103] vgl. Watson (2018).
[104] Defoe (2008, S. 233).

erhöhen zwar die Arbeitskraft aber auch die Notwendigkeit, die prinzipiell knappen Ressourcen der Insel urbar zu machen, die *enclosure* weiter auszudehnen, bis sie sich im Extremfall irgendwann mit der bestellbaren Inselfläche deckt.[105] Bis zu Freitags Ankunft ist Populationswachstum im Roman Sache animalischer Fortpflanzung der von Crusoe eingeführten Katzen und seiner Ziegenzucht.[106] Frauen sind von der Insel bis kurz vor Ende des Romans und in den Robinsonaden Rousseaus und der Neoklassik bis heute ausgeschlossen. Menschliche Reproduktionsarbeit, geschweige denn weibliche Lohnarbeit haben keinen Platz auf ihrer Insel.[107] Defoe lässt seinen Robinson nach dessen Rückkehr nach England, wo er selbst eine „vorteilhafte" und für sich „durchaus glückliche Ehe" geschlossen hat, brasilianische Frauen auf die Insel deportieren, die den dort verbliebenen Männern als Ehefrauen und Instrumente zum Bevölkern der Insel dienen sollen.[108] Die Männer hatten vorher zudem Frauen vom Festland entführt. Zumindest auf den letzten Seiten des Romans deutet sich an, dass der Inselmythos und bevölkerungsökonomische Fragen zusammenhängen können. Diesem historischen Verhängnis nehmen sich die zwei nächsten Kapitel an.

---

[105] vgl. ebd., S. 269.

[106] vgl. ebd., S. 119 f.

[107] Zur Exklusion von Familie, Gender und Sexualität aus der Crusoe-Geschichte, die sowohl den Roman, als auch die Robinsonaden der Ökonomik (und die gesamte Disziplin) zu „mostly a boy's tale" macht, vgl. Grapard (1995, S. 43, 46).

[108] Defoe (2008, S. 337 f.).

Selkirks Insel, Robinsons Insel, Townsends Insel

„33°37' S, 78°51' W". Im Schnittpunkt dieses südlichen Längen- und westlichen Breitengrades verzeichnet die Geographie eine Insel mit vielen Namen, die zugleich im Schnittpunkt verschiedener Narrative verortet werden kann. „Más a Tierra" heißt sie, weil sie näher am chilenischen Festland liegt, als ihre Nebeninsel „Más Afuerra". „Robinson Crusoe" heißt sie, weil auf ihr ein Seemann lebte, dessen Geschichte zum Vorbild für Defoes Roman wurde. Nach ihrem Entdecker „Juan Fernández" nennt sie schließlich Joseph Townsend, um dessen Inselmythos der Ökonomik es nun gehen soll.[1] Aus dem Repertoire an Beschreibungen dieser Insel formte Townsend die Landschaft seiner Theorie.

Auf der gleichen Insel, die Defoe zu seinem *Robinson Crusoe* inspirierte, meint Joseph Townsend einige Gesetze der Wirtschaft entdeckt zu haben, die die klassische und neoklassische Ökonomik mitsamt ihren Figuren in ihren Bann zogen.[2] Defoe ließ sich von den populären Reiseberichten Edward Cookes und v. a. Woodes Rogers' anregen, die gemeinsam die Welt umsegelten. Cooke und Rogers beziehen sich auf die Reisen zweier anderer englischer Freibeuter, der Kapitäne William Dampier und Thomas Stradling und ihrer Unteroffiziere William Funnell und Alexander Selkirk. Vorbild für Defoes Romanfigur war Selkirk, den Rogers 1709 auf der Insel Más a Tierra vor der Küste Chiles aufgreift. Rogers berichtet, dass Stradling seinen Maat Selkirk vier Jahre und vier Monate

---

[1] vgl. Haberle (2009).

[2] Es handelt sich bei der Insel nur in Anführungszeichen um die „gleiche", wird sie doch von Defoe und Townsend anders beschrieben. Defoe etwa verlegte die Insel vom „'wilden' Pazifik" in den „'arbeitsamen' Atlantik" und damit mitten in die transatlantischen merkantilistischen (Menschen-) Handelsrouten; vgl. Cohen (2015).

zuvor auf dieser Insel zurückließ.³ Defoe verwandelte den Freibeuter Selkirk, der keine fünf Jahre auf der Insel verbrachte, in den Sklavenhändler, Unternehmer, Abenteurer und Einsiedler Robinson, der für 27 Jahre, 2 Monate und 19 Tage auf der Insel weilte;⁴ und der später bei seinem Abstecher in die rousseausche, kulturkritische Pädagogik in der neoklassischen Ökonomik erneut strandete.

Bei Cooke las Defoe unterdessen auch, was Funnell erstmals berichtete: von den Ziegen, Katzen und Hunden, die auf der Insel leben.⁵ Cooke und Funnell interessieren sich, anders als Rogers oder Defoe, weniger für den menschlichen Akteur Selkirk als vielmehr für die Kultur- und Kultivierungsgeschichte der Insel. Ihre Berichte bestätigen erneut, dass die Insel zwar weitab vom Festland, keineswegs aber im Naturzustand lokalisiert ist. An den Berichten ist vielmehr eine „Dynamik der Kultivierung und Verwilderung" abzulesen, die sich auch bei Defoe an einigen Stellen wiederfinden lässt.⁶ Teil dieser Dynamik sind die Ziegen. Sie sind schon auf der ersten Karte der von Juan Fernández 1574 entdeckten Insel vermerkt und wurden wahrscheinlich 1591 von Sebastian Garcia Carreto dort eingeführt.⁷ (Abb. 4.1) Menschliche Besiedlungsversuche scheiterten, aber die Ziegen blieben zurück und ‚verwilderten'. Auch Dampier erwähnt, neben Seehundmassen, die jeden freien Fleck der Küste einnehmen, die wilden Ziegen. Von etwaigen Fressfeinden weiß er nicht zu berichten.⁸ Konkurrenz bekamen die Ziegen erst in den Berichten Cooks und Funnells: Spanier hätten die Katzen und Hunde importiert, um die Ziegen auszurotten und den englischen Kaperfahrern, die im Handelskrieg gegen Spanien regelmäßig die Insel anliefen, eine Nahrungsquelle zu nehmen.⁹ Das spanische Projekt sei jedoch von vornherein zum Scheitern verurteilt gewesen, weil die Robben an den Stränden für die Raubtiere leichtere Beute seien als die Ziegen, bemerkt der Brite Funnel, nicht ohne einen Anflug von Schadenfreude.¹⁰ (Abb. 4.1).

---

³vgl. zur Rezeption der Reiseberichte durch Defoe Borgards (2016, S. 41 ff.).

⁴vgl. Defoe (2008, S. 306).

⁵Cooke zitiert Funnel, obwohl er skeptisch gegenüber dem Wahrheitsgehalt von dessen Erzählung ist, vgl. Borgards (2016, S. 45).

⁶Zitat ebd., S. 43; vgl. Defoe (2008, S. 166, 245); vgl. auch den Eintrag in der Encyclopedia of Islands von Haberle (2009, S. 508 f.).

⁷vgl. Borgards (2016, S. 43 f.); Abb., vgl. Hack (1684, S. 270).

⁸vgl. Dampier (1699, S. 87 ff.).

⁹Funnel bezweifelt die Existenz der Hunde auf der Insel: „I [...] never saw any"; zit. nach Borgards (2016, S. 46).

¹⁰vgl. ebd., S. 45 f.

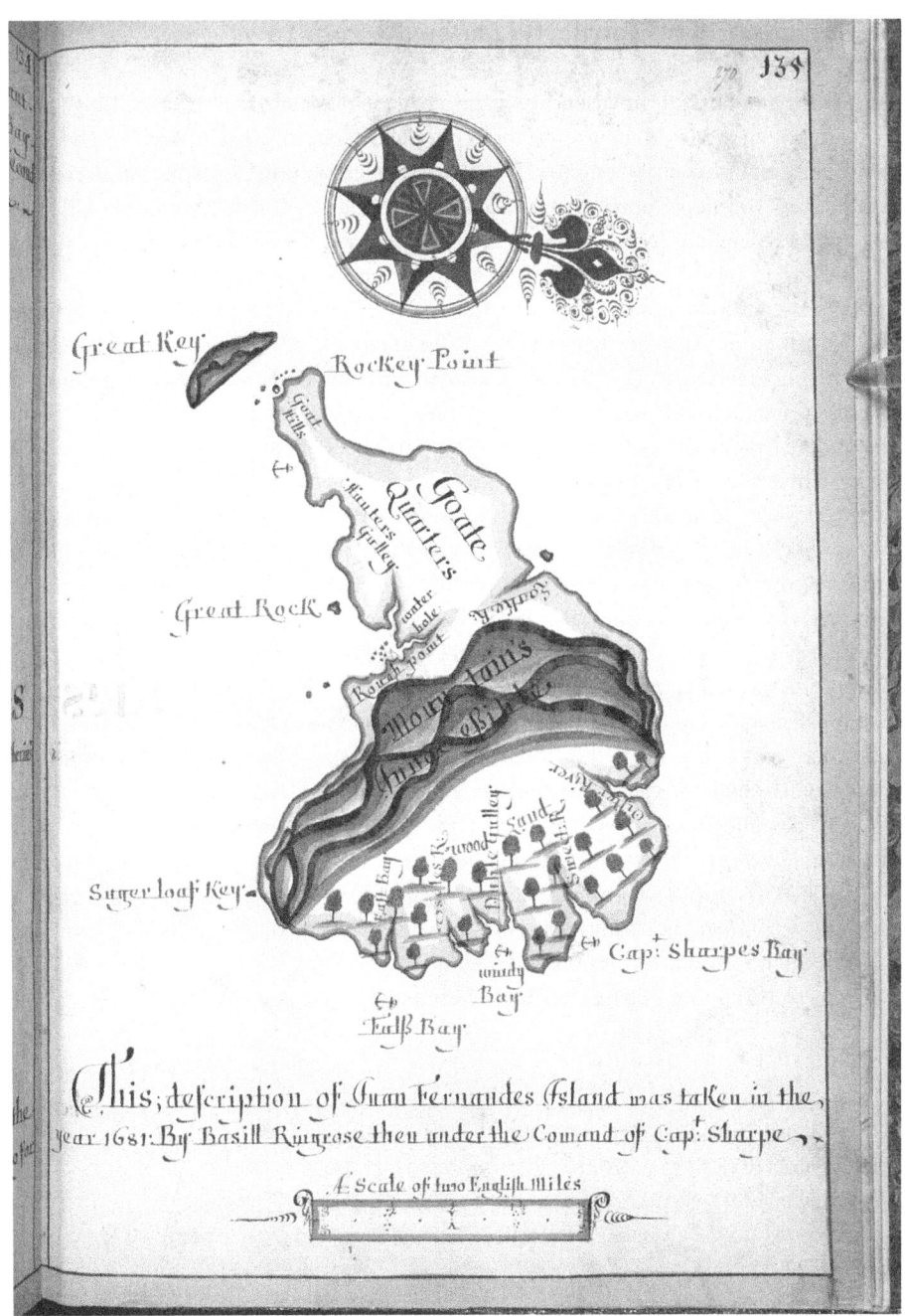

Abb. 4.1 Karte der Insel Juan Fernández. In: Hack, William (1684): Map of Juan Fernández, in: Captain Bartholomew Sharp's South Sea Waggoner, or a chart of South America, containing 135 maps and drawings of the appearance of the Western Coast from Acapulco to Cape Horn, carefully sketched on a large scale, Wapping, S. 269–270. Dort: 270. Online: https://www.bl.uk/collection-items/map-of-juan-fernandez-in-william-hacks-south-sea-waggoner-1684), Zugriff: 08.10.2018

Isolation der Armen. Townsend gegen die Poor Laws

Sein Landsmann Joseph Townsend erwähnt die Robben nicht und erklärt die Wiederverwilderung und den Konkurrenzkampf der ausgesetzten Ziegen und Hunde zum Prinzip einer natürlichen Ökonomie. Dabei bezieht er sich auf Dampiers Reisebericht – musste also von den Robben gewusst haben – und den Bericht Antonio de Ulloas,[11] kannte wahrscheinlich Defoes Roman und vermutlich dessen Schriften zur Armengesetzgebung.[12] In seiner Streitschrift „Über die Armengesetze" stellt Townsend sich unter dem Pseudonym „a well-wisher to mankind", gegen die Englische Armenfürsorge. Dabei vertritt er die Ansicht, staatliche Eingriffe in die Ökonomie seien schuld an Unterbeschäftigung und Armut. Die Steuerlast zur Armenfürsorge, die soziale Umverteilung in Form einer staatlich oktroyierten Gütergemeinschaft, schwäche die Nationalökonomie, insbesondere Landwirtschaft und Industrie.[13] Überließe man die Wirtschaft und die Armen sich selbst, könnten sie sich nicht mehr, wie Townsend insinuiert, auf staatliche Hilfen verlassen, dann würde in diesem ‚Naturzustand' Hunger das Armutsproblem von allein lösen. Er allein garantiere „some check, some balance".[14] Hoffnung und Furcht motivierten die Armen besser zur Arbeit als Zwangsmaßnahmen. Die Wissenschaft der politischen Ökonomie leitet ihre Prinzipien laut Townsend aus dem Naturzustand ab und die Armenspeisung sei „unvereinbar mit den bewährtesten Prinzipien der Ökonomie".[15]

Townsend ist nicht der Erste, der die Armengesetze angreift,[16] nicht der Erste, der den animalischen Naturzustand ins Feld der Debatte um das Bevölkerungsproblem führt[17] und nicht der Erste, der ökonomische Selbstregulierung durch Zusammenwirkung individueller Eigeninteressen zur Normalität und Norm erklärt,[18] aber er ist der Erste, der alles auf einer abgelegenen Insel in Szene setzt.[19] Im Folgenden wird analysiert, inwiefern Townsend mithilfe der Insel als Landschaft der Theorie seinen Begriff von Wirtschaft hervorbringt und naturalisiert. Im bisherigen Fokus der kritischen Rezeption von „Über die Armengesetze" standen vor allem die Zoologie der Insel und ihre politischen Konsequenzen für die ökonomische Theorie.[20] Zu untersuchen bleibt die Bedeutung der Topologie der Insel. Die These ist: Erst in den Grenzen der Insel-Welt

---

[11] vgl. Townsend (2011, S. 28); vgl. Dampier (1699, S. 87 ff.).
[12] vgl. Lepenies (2011, S. 95 f., 84).
[13] vgl. Townsend (2011, S. 19–23).
[14] Townsend (1817, S. 57); vgl. die deutsche Übersetzung Townsend (2011, S. 34).
[15] Townsend (2011, S. 17).
[16] vgl. zur Geschichte der Armengesetze in England Lepenies (2011, S. 75–92).
[17] vgl. etwa Franklin (1918).
[18] vgl. schon früh Mandeville (1980); vgl. zu Smiths unsichtbarer Hand Stavenhagen (1969, S. 54).
[19] vgl. Borgards (2017, S. 56).
[20] vgl. Lepenies (2011); Borgards (2016); Borgards (2017); Polanyi (2001, S. 117 f.).

gereichen die Tierwelt und ihre Analogien zum epistemischen und politischen Vorbild für Townsends bevölkerungsökonomische Ansichten und Absichten.[21]

Townsends Text lässt sich als dreigliedriges Argument lesen. Erstens formiert er eine insulare Topologie. Dafür bedient er sich zweitens einer invasiven Ökonomik, um die Form der Insel mit dem Marktbegriff zu besetzen. Drittens spiegelt er den naturalisierten Marktbegriff schlechterdings inversiv auf die englische Ökonomie zurück.[22]

Insulare Topologie als natürliche Ordnung und göttliche Schöpfung

Townsend geht von der topologischen Prämisse aus, dass sich im Raum der Insel-Welt Lösungen für Probleme der Welt darstellen lassen. Townsend setzt die Insel zur Evidenzerzeugung ein. Die Insel taucht im Text unvermittelt als Antwort auf eine Suggestivfrage auf:

„Der Fortschritt der Gesellschaft wird zeigen, dass manche Mangel leiden müssen; und dann wird man nur noch fragen: Wer verdient es am meisten, Kälte und Hunger zu leiden, der Verschwenderische oder der Vorsorgliche, der Faule oder der Fleißige, der Tugendsame oder der Lasterhafte? In der Südsee gibt es eine Insel, die nach ihrem Entdecker Juan Fernández heißt."[23]

Das englische Armutsproblem soll auf Juan Fernández verstanden und gelöst werden. Der abrupte Ortswechsel von England auf die Insel[24] und zurück[25] erfolgt als Analogieschluss, der die Insel und England in ein epistemisches Verhältnis setzt. Mit diesem erzählerischen Island-Hopping korrespondiert ein Wechsel zwischen Mensch und Tier zu verschiedenen historischen Zeitpunkten: Von den Armen Englands springt der Text zu den Ziegen von Juan Fernández,[26] von dort zu den Jägern und Sammlern im „Urzustand" der Menschheit,[27] der Bevölkerung des neuzeitlichen Chinas, des biblischen Kanaans,

---

[21] Nur auf der Insel sind Townsends Ziegen „politische Tiere" der Ökonomik im Sinne von Vogl und Heiden (2007, S. 10 f.).

[22] Es kann sich dabei nicht um eine Form von Inversion handeln, wie sie Iris Därmann mit dem Begriff „inversive Ethnologie" bezeichnet, weil Townsends gerade keine Irritation seiner ökonomischen Prinzipien riskiert, sondern der fremden Insel seine Begrifflichkeiten aufzwingt, um den exotistischen Reflex der Insel zum Signifikanten eines ökonomischen Mythos zu verklären; vgl. Därmann (2005, Kap. 1); zum Exotismus als alibimäßigen „Reflex des Westens" Barthes (2010d).

[23] Townsend (2011, S. 27); suggestiv ist die Frage insofern, als sie von der Prämisse ausgeht, dass jemand es verdient habe, Kälte und Hunger zu leiden.

[24] vgl. ebd.

[25] vgl. ebd., S. 31.

[26] vgl. ebd., S. 27.

[27] vgl. ebd., S. 29.

Europas und der nordamerikanischen und anderer, namentlich nicht genannter, Kolonien. Von dort schließt Townsend auf das verhungernde Vieh auf den Gemeinschaftsweiden Englands, nur um wiederum dessen hungernde Arme ins Visier zu nehmen.[28] Die Struktur von Townsends Theorie zeichnet sich durch eine Kette von Analogieschlüssen zwischen Inselmythos und Ökonomie aus. Die gezielten lokalen, historischen und zoologischen Verwechslungen liefern der Ökonomie ein Alibi in der Natur.

Reverend Townsends Beispiel beginnt analog zur biblischen Genesis. Doch sind es nicht Adam und Eva im Garten Eden, denen Gott gebietet, fruchtbar zu sein und sich zu mehren, sondern zwei Ziegen, die von Juan Fernández auf der gleichnamigen Insel, „diesem abgelegenen Ort", ausgesetzt werden, und die das Fruchtbarkeitsgebot von Natur aus befolgen, ohne dass es jemand hätte befehlen müssen.[29] Irgendwann aber „[war] die kleine Insel überbevölkert" von der „großen Zahl" an Ziegen, berichtet Townsend, indem er Insel- und Bevölkerungsgröße ins Verhältnis setzt.[30] Mangels ‚Vernunft' hätten die Ziegen eine Hungersnot nicht kommen sehen: Die schwächsten Individuen verhungerten, wodurch die Nahrung für die Überlebenden wieder ausreiche, bis ihre übermäßige Vermehrung erneut Todesopfer fordere, und so weiter. Diese Varianz nennt Townsend ein „Gleichgewicht" zwischen Population und Ressourcen, das sich auch nach vorübergehenden „Epidemien" oder der temporären „Landung von Schiffbrüchigen" von außerhalb der Insel wiedereinstelle.[31] Die Ordnung der Insel bestehe in der natürlichen Hierarchie und Konkurrenz zwischen den starken aktiven und den schwachen faulen Ziegen.[32] Im Wettbewerb um Nahrung diene der notwendige Tod einiger dem Überleben aller anderen. Selbst als Spanier zwei Hunde importiert hätten, um die Ziegen auszurotten, habe sich ein Gleichgewicht eingestellt. Die Hunde hätten einfach die Populationsgeschichte der Ziegen wiederholt, währen einige Ziegen den Hunden entkommen seien.[33] Artbestand und Ressourcen können sich in Townsends Theorielandschaft die Waage halten, weil die Topographie der Insel verhindert, dass die Hunde die Ziegen und damit sich selbst ausrotten können. Die natürliche Topographie der Insel liefert hinreichende Bedingungen hierfür. „[Z]erklüftete[…] Felsen" und fruchtbare „Täler" bieten immer einigen Ziegen Schutz und nie allen Hunden ausreichend Nahrung. Townsend kann dadurch den Fall ausschließen, dass das System sich selbst zerstört.[34]

---

[28]vgl. ebd., S. 31 f.

[29]ebd., S. 27.

[30]ebd., S. 28.

[31]ebd.

[32]Townsend konstruiert eine weitere Analogie zum Tierreich, wenn er arme Menschen mit Faultieren und fleißige Kolonisator*innen mit Bienen vergleicht, ignoriert dabei aber die „Effizienz" des Faultieres ebenso wie die „Gütergemeinschaft" der Bienen; vgl. ebd., S. 21, 35.

[33]vgl. ebd., S. 29.

[34]vgl. ebd., S. 28 f.; Zitate ebd.

Im Abschnitt über die Insel verlagert Townsend die Problemstellung seiner Streitschrift: Auf der Insel, und erst hier, wird das Armutsproblem zum „Bevölkerungsproblem", dessen Lösung im richtigen Verhältnis von Bevölkerung und Nahrungsmitteln liegt.[35] Während der Wechsel auf die Insel im Text relativ abrupt erfolgte, setzt Townsend mit der folgenden These beinahe sanft von der Insel nach England und von den Ziegen zu den Menschen über: „Die Nahrungsmenge reguliert auch die Zahlenstärke der *species humana*."[36] Townsend reduziert in einem Satz mögliche qualitative Differenzen zwischen Mensch und Tier, der Insel und den bewohnten Teilen der Welt, auf ein quantitativ vergleichbares Verhältnis von Anzahl und Menge. Im Zuge dieser Quantifizierung von Qualität erklärt Townsend die Menschen zu einer *species* unter vielen und die Insel zur Repräsentantin der belebten Welt.

Um seine These zu begründen und zu ‚beweisen' beruft sich Townsend auf den natürlichen „Urzustand", der bei Mensch und Tier vom quantitativen Verhältnis von Nahrung und Population beherrscht werde. Die Insel dient als Analogie zum Ort des menschlichen Urzustands, den „Wäldern".[37] Schon Rousseau hatte sowohl den Wald als auch die Insel als Topoi eines Urzustands- und Naturzustandsnarratives etabliert. (s. o.) Townsend bedient sich ähnlicher Vorstellungen:

„In den Wäldern und im Urzustand [savage state] können nur Wenige leben, aber von diesen wird eine verhältnismäßig geringe Zahl Mangel leiden. Solange es reichlich Nahrung gibt werden sie weiter fruchtbar sein und sich mehren [...] die Schwachen sind abhängig von der unsicheren Gabe der Starken; und früher oder später werden die Faulen den natürlichen Folgen ihrer Trägheit erliegen."[38]

Das Bevölkerungsproblem und infolgedessen das Armutsproblem resultierten erst aus einer Abweichung der menschlichen Gesellschaft vom urzuständlichen Verhältnis zwischen Nahrung und Population durch die Gründung einer quasi protostaatlichen Gütergemeinschaft.[39] Zwar könnten Menschen durch Viehzucht, Ackerbau und weitere landwirtschaftliche Entwicklungen, durch Sparsamkeit, Fleiß, „ausgiebige Eroberungen oder wachsende[n] Handel" die „natürliche und durch die verfügbare Nahrungsmenge gesetzte Grenze" ausweiten, indem sie das Potential der Natur ausschöpfen.[40] Ja, am Stand der absoluten Nahrungsmenge bemisst Townsend die zivilisatorischen Phasen der Entwicklungsgeschichte – unter der er vor allem eine an landwirtschaftlichem Fortschritt

---

[35]vgl. ebd., S. 26–32; Zitat 33; Lepenies (2011, S. 95 ff.).

[36]Townsend (2011, S. 29); Hvg. i.O.

[37]ebd.

[38]ebd.; [Einschub aus der englischen Originalausgabe, Townsend (1817, S. 45)].

[39]vgl. Townsend (2011, S. 29).

[40]ebd., S. 33.

orientierte Abfolge von gesellschaftlichen Entwicklungsstadien versteht.[41] Aber jede Gütergemeinschaft störe den Fortschritt, weil sie ein unnatürliches, das heißt ein im Verhältnis zur verfügbaren Nahrung überproportionales Bevölkerungswachstum erzwinge, in dem soziale Umverteilung auch jenen Mitgliedern der Gemeinschaft Hoffnung auf Nahrung für sich und ihre Nachkommen mache, die selber nicht zur Nahrungserzeugung oder zur Entlastung der Nahrungserzeuger beitrügen.[42] Einige leiden, Townsend zufolge, auch ohne Gütergemeinschaften immer und notwendigerweise Mangel, aber im Urzustand sei ihre absolute Zahl „verhältnismäßig gering[…]" und ohne Störung des Gleichgewichts nehme sie durch Fortschritte in der Nahrungsversorgung „nicht so schnell" und nur proportional zum Bevölkerungswachstum zu. Es könne „Jahrhunderte dauern, bis die Knappheit sich wieder bemerkbar macht[…]."[43] Diese lange Zeitspanne, in der sich Bevölkerung und Nahrungsmenge in ausgedehnteren Territorien einander angleichen, sowie die zahlreichen Maßnahmen zur Erhöhung der Nahrungsmenge und Verringerung des Verbrauchs, waren insbesondere auf dem Stand der empirischen Methoden im 18. Jahrhundert kaum zu überblicken.[44]

Dagegen verleiht die Topologie der Insel dem Bevölkerungsproblem epistemologische Evidenz. Auf der Insel spitzt sich die Situation der Ziegen in Townsends Narrativ innerhalb kurzer Zeit zu. Denn aufgrund ihrer relativ geringen Fläche sind die natürlichen Grenzen der Insel schnell erreicht. Die Ziegen können sie nicht ausweiten. Je enger der Raum und je geringer die Optionen, ihn auszudehnen oder ihm mehr Nahrung abzugewinnen, desto schneller stößt die Population an seine Grenzen und desto besser lässt sich dann beobachten, wie sich ein Gleichgewicht einstellt.[45] Weil die Insel abgelegen und damit die meiste Zeit vom Kontakt mit äußeren Einflüssen isoliert ist, bleibt nach etwaigen Irritationen genug Zeit, in der sich ein neues Gleichgewicht einstellen kann. Und da die Insel zudem zwar topologisch, aber nicht wie der Urwald chronologisch abgelegen ist, wirken Townsends Darlegungen für zeitgenössische Leser*innen gegenwärtig und wenn nicht wirklich, so doch wahrscheinlich.

Das grenzwertige Verhältnis von Bevölkerung und Ressourcen scheint Townsend unmittelbar von der Topologie der Insel abzuleiten. Denn erst im Inselbeispiel und in den darauffolgenden Abschnitten ist von „Grenzen [limits, bounds]"[46] die Rede: Die Grenze des Bevölkerungswachstums eines Landes nennt Townsend auch dessen „non plus

---

[41] Zu Townsends stadientheoretischen Narrativ der Menschheitsgeschichte vgl. ebd., S. 29 ff.; zu Ähnlichkeiten mit Smiths Stadientheorie; vgl. Smith (1982, S. 459 f.).
[42] vgl. Townsend (2011, S. 30, 33, 37).
[43] ebd., S. 29.
[44] vgl. Schumpeter (1954, S. 253).
[45] vgl. Townsend (2011, S. 29 f.).
[46] ebd.; Townsend (1817, S. 46 f.).

ultra"⁴⁷, die „äußerste Grenze seiner Belastbarkeit [utmost limit]"⁴⁸ oder den „Grenzwert [utmost height]"⁴⁹ der Bevölkerung. Schumpeters „Geschichte der ökonomischen Analyse" zufolge sei Townsend zwar nicht der Einzige und bei weitem nicht der Erste, der die Limitationen der Bevölkerungsentwicklung aufzeige⁵⁰, aber er ist der Erste, der die Grenzbegriffe seiner Theorie einer insularen Landschaft fernab der europäischen Gesellschaft entnimmt. Laut Karl Polanyis überspitzter Diagnose setzt Townsend dort gar „a new starting point for political science".⁵¹

Nach Townsends Anleihen an die Schöpfungsgeschichte nimmt es nicht Wunder, dass er den Naturzustand der Insel zugleich zur göttlichen Ordnung erklärt, womit er ihm nicht nur physische Evidenz, sondern auch metaphysische Autorität verleiht. Wie bei Rousseau, und anders als bei Defoe, hat die Insel ihre eigene naturgesetzmäßige Ordnung, und müsse, ja dürfe, nicht erst von Menschen in einen geordneten Zustand überführt werden.⁵² Dagegen „[droht] die Fürsorge [gemeint ist die Gütergemeinschaft, LH] …, die Harmonie und die Schönheit, die Symmetrie und die Ordnung jenes Systems zu zerstören, das Gott und die Natur in der Welt eingerichtet haben".⁵³ Unter den erläuterten topologisch-naturtheologischen Bedingungen kann Townsend die Insel als Topos einer sich selbst regulierenden Bevölkerungsökonomie präsentieren und die Selbstregulierung als natürliche und gottgewollte Gesetzmäßigkeit inszenieren, die ein bestmögliches Gleichgewicht realisiert. Damit verleiht die Insel einer Idee Ausdruck, die wie keine zweite die Ökonomik beeinflusst hat: dem Markt.

---

⁴⁷ebd., S. 33.

⁴⁸ebd., S. 34; Townsend (1817, S. 56).

⁴⁹ebd., S. 36; Townsend (1817, S. 61).

⁵⁰vgl. Schumpeter (1954, S. 255); aus seiner ökonomischen Perspektive bietet Schumpeter auch eine Erklärung für die theoretische Spekulation der frühen Bevölkerungstheoretiker an, oder wie er es nennt, diesen „peculiar type of theory": Weil es noch keine verlässlichen Zensusdaten gab „in the seventeenth and eighteenth centuries, the main task of research was not to analyze given facts but, so far as possible, to find out what the facts actually were: it was the kind of theory that, unlike other kinds, retreats before advancing factual knowledge and must eventually be replaced by it". Forscher*innen „infer facts, on scanty observations, mainly from laws derived from general considerations", ebd., S. 253; Schumpeter nennt dies auch „the art of reasoning on inadequate facts", ebd., S. 254., vgl. ebd., S. 257; Überlegungen zu den natürlichen Grenzen des Bevölkerungswachstums und zur Insel kommen vermutlich beim Merkantilisten James Steuart zum ersten Mal in einem Text zusammen. Steuart (1796) bezieht sich auf England und eine modellhafte Insel mit 1000 Bewohner*innen. Steuart setzt jedoch die Insel noch nicht als ökonomischen Naturzustand oder natürliche Grenze des Bevölkerungswachstums ins Bild, vgl. ebd. S. 169–183. Steuart naturalisiert die Ökonomie stattdessen auf andere Weise und nicht weniger kritikwürdig anhand einer Analogie zwischen der Hasenpopulation auf einem Feld und der Bevölkerung Afrikas; vgl. ebd., S 27.

⁵¹Polanyi (2001, S. 119).

⁵²vgl. Townsend (2011, S. 30).

⁵³ebd., S. 27; zur Gütergemeinschaft vgl. 30, 48.

Invasive Ökonomie: Die Vermarktung der Insel

„Für die Entstehung des modernen Marktgedankens war die Kritik an den Armengesetzen ursächlich."[54] Der Marktbegriff und die Gesetze des Marktes sollten die Voraussetzungen für die Abschaffung der Armengesetze schaffen. Damit dies gelingen konnte, mussten die Existenz und die Funktionalität des sich selbst regulierenden Marktes jedoch erst noch demonstriert werden. In der von staatlichen Eingriffen und Gütergemeinschaften geprägten Wirtschaft im England des 18. Jahrhunderts ließen sich die angeblichen Gesetze des Marktes jedoch nicht beobachten,[55] und der Marktbegriff blieb unter diesen Bedingungen formlos und diffus. Eine Voraussetzung für die große Transformation der Wirtschaft war, dem Marktbegriff eine ästhetische Form und einen signifikanten Ort zu geben, um ihm Evidenz zu verleihen. Diese Mythosproduktion setzt den Begriff des Marktes bereits voraus.[56]

Die insulare Topologie ist zu großen Teilen das Resultat einer invasiven Ökonomik, die den Sinn der Insel deformiert und konfiguriert, um aus dem Boden der Insel Juan Fernández ein Paradigma für den Begriff des Marktes zu formen. Der Begriff „invasive Ökonomik" soll an dieser Stelle zum einen die Besetzung, Reformulierung und Reduzierung von Sachzusammenhängen mit Begriffen der Ökonomik, zum anderen aber auch schon auf die Invasionspolitik hinweisen, die solchen Reformulierungen und Reduzierungen nicht nur teilweise zugrunde liegt, sondern daraus abgeleitet wird.[57] In Townsends Text hält mit den Ziegen, diesen kolonialen Invasoren, auch der Marktbegriff auf die Insel Einzug. Townsend vereinnahmt die stereotypisierte Natürlichkeit der Insel für die Begriffe der Marktwirtschaft und verleiht den Gesetzen des Marktes auf diese Weise Präsenz in der Natur.[58] Die Gesetze des Marktes werden durch Insularisierung naturalisiert. Aber die Bedeutung ist wechselseitig, denn gleichzeitig wird der Inselsignifikant von der invasiven Sprache der Ökonomik ökonomisiert.[59] Der Markt wird zur isolierten Natur und die Inselnatur zum Topos des Marktes erklärt. In Form der Insel fällt

---

[54]Lepenies (2011, S. 108); neben Townsend konstruierten und verwendeten auch andere klassische Ökonomen den Marktbegriff mit der Absicht, die Armengesetze abzuschaffen; vgl. auch Polanyi (2001, Kap. 7).

[55]vgl. Polanyi (2001, S. 40).

[56]vgl. zu dieser petitio principii Lepenies (2011, S. 106 ff.).

[57]Zur „Kolonisierung" der Sprache durch den Mythos siehe Barthes (2010e, S. 281); zur Verwendung ökonomischer Metaphern bei der Beschreibung kulturell-symbolischer Phänomene vor allem bei Bourdieu und Becker vgl. Koritz und Koritz (1999).

[58]Zur ökonomischen Sprache in der Naturgeschichte vgl. Müller-Wille (2003); zur Beschreibung und Regierung von Natur und Körper mit Begriffen der politischen Ökonomik im 18. Jh. vgl. Spary (1996).

[59]vgl. zum Ursprung der Ökonomie in der performativen Ökonomisierung der Gesellschaft durch die Ökonomik Çalışkan und Callon (2009).

der Naturzustand, der bekanntlich einen Teil des historischen Sinns der Insel ausmacht, mit dem Marktmechanismus zusammen.[60]

Isoliert von staatlicher Regulierung gelte in der Natur von Anfang an das Gesetz von Angebot und Nachfrage. Townsend lässt sich nicht davon irritieren, dass die Ziegen und Hunde, ebenso wie der Marktbegriff, die Insel und ihre signifikante Form von außen und im Nachhinein besetzen. Stattdessen enthistorisiert und entpolitisiert er die Insel. Das Angebot an Ziegen, Hunden oder Menschen passe sich den gottgewollten Naturgesetzen an: „Mit der species humana verhält es sich wie mit anderen Handelsartikeln, die nicht durch ein Monopol geschützt sind: Die Nachfrage regelt den Markt."[61] Townsend unterscheidet dabei staatliche Nachfrage von Nachfrage der Natur. Unter natürlicher Nachfrage versteht er die Nachfrage des Bodens nach Bewohner*innen und Bebauer*innen. Nahrung und Population halten sich im, wenn auch schwankenden, proportionalen Gleichgewicht. Die staatliche Nachfrage geht darüber hinaus. Sie sei nicht durch Bodenerträge gedeckt und verstoße gegen die Gesetze des insularen Marktes der Natur. Das nicht durch die Nahrungserträge des Landes gedeckte überproportionale Bevölkerungsangebot betrachtet Townsend als Überbevölkerung. Daraus resultiere ein Marktungleichgewicht zwischen Nachfrage und Angebot, das für Townsend gleichbedeutend ist mit einer Verringerung der „Gesamtsumme [des] Glücks".[62]

Inversion der Invasion

Nachdem Townsend das Inselleben mit dem Begriff der klassischen Marktwirtschaft verbunden hat und dieser damit ein Alibi in der Natur verschafft hat, kehrt er die Argumentationsrichtung um und richtet den Blick von der Insel aus auf die Wirtschaft Englands: „Es ist offenkundig, dass ein System nicht gut sein kann, wenn es nicht erstens Fleiß, Sparsamkeit und Unterordnung fördert und zweitens die Bevölkerungszahl durch die Nachfrage nach Arbeit reguliert."[63] Townsend invertiert die Marktförmigkeit der Natur, die er der Natur auf der Insel durch invasive Ökonomie implantierte hat, im Handumdrehen zur naturgemäßen Gültigkeit des Marktmechanismus in England. Nach

---

[60]Lepenies sieht in Townsends Theorie deshalb eine Kombination von Smiths selbstregulativer Idee der *unsichtbaren Hand* und der Naturgesetzlichkeit der Wirtschaft im *Ordre naturel* der Physiokratie, vgl. Lepenies (2011, S. 93); zur groben Einordnung der Physiokratie und der Lehre Smiths in die Geschichte der Ökonomik vgl. Stavenhagen (1969, S. 35 f., 53 f.).

[61]Townsend (2011, S. 36); man beachte in diesem Satz auch die Kategorisierung der Menschen als Handelswaren in einer Zeit des transatlantischen Sklavenhandels.

[62]ebd., S. 29; heute würden viele Ökonom*innen wohl von volkswirtschaftlicher Gesamtwohlfahrt oder Gesamtrente sprechen.

[63]ebd., S. 52.

dem *dépaysement* der Wirtschaft folgt die Übertragung zurück auf die Armengesetze, ein erneuter Szenenwechsel, sozusagen das „repaysement".[64]

Der angebliche „well-wisher to mankind" wendet die entpolitisierte Funktionsweise der Inselnatur in eine normative wirtschaftspolitische Forderung: Die Aufgabe des Staates solle sich in der Gewährleistung eines natürlichen Marktmechanismus erschöpfen. Analog zur Topographie der Insel, die die Ziegen davor bewahrt Opfer eines Monopols von Hunden zu werden, das die ökonomische Ökologie der Insel aus dem Gleichgewicht bringen und auf lange Sicht zerstören würde, müsse der Staat für einen freien Wettbewerb garantieren, mehr nicht. Eine am Gemeinwohl ausgerichtete Wirtschaftspolitik orientiere sich Townsend zufolge am mythischen Topos der Insel.

Anders als die Ziegen und Hunde von Juan Fernández können Menschen nicht nur ein-, sondern im Falle einer durch staatliche Fürsorge hervorgerufenen Überbevölkerung auch auswandern.[65] Auch Migrationsbewegungen folgen laut Townsend der prinzipiell endlichen Nachfrage ausländischen Bodens nach Arbeit und der Arbeiter*innen nach Nahrung. Diese Emigration stehe mit der Natur in Einklang, weil sie den Gesetzen des Marktes gehorche. Townsend verklärt, wie schon im Falle der Ansiedlung und Verbreitung von Ziegen auf der Isla Más a Tierra, koloniale Expansion, Invasion und Landnahme zu einer natürlichen und harmonischen Niederlassung in paradiesischer oder karger, in jedem Fall aber abgelegener, und deswegen vermeintlich unberührter Natur:

> „Als der Boden im schottischen Hochland nicht mehr genug für die Bevölkerung hergab, […] wandten die jungen Männer ihrem Land […] den Rücken […]. Sie schwärmten nicht aus […], sie überschwemmten auch nicht die Nachbarländer mit der zerstörerischen Gewalt einer Sturmflut; sondern sie lassen sich sanft wie Tautropfen auf den fruchtbarsten Auen nieder und wandern auf der Suche nach Nahrung in die fernsten Winkel der Erde; bienenfleißig sammeln sie den Honig aus verschwenderisch blühenden Blumen […] auf allen Inseln und allen bewohnbaren Bergen Europas, Asiens [sic!, i.O.: Europe, Asia, Africa and America] und Amerikas."[66]

Die beschriebenen (männlichen) Emigranten suchen und finden ihr Glück im angeblich ökonomischen Naturzustand, mithin auf Inseln, abseits staatlicher Eingriffe, wo das Angebot an Bevölkerung und Arbeitskräften die Nachfrage nicht überschreite und deswegen die Nachfrage nach Nahrung befriedigt werde.[67] In Schottland werden die

---

[64]vgl. zur Unterscheidung von *dépaysement* und *repaysement* in der Methodologie der Sozialgeographie Bioteau und Calberac (2004).

[65]vgl. Townsend (2011, S. 34 f.).

[66]ebd., S. 35; die deutsche Übersetzung vergisst Afrika, [Townsend (1817, S. 60)]; vgl. zur schottischen Emigration, Murdoch (1998).

[67]Townsend präsentiert außerdem die Shetland Inseln als Ort, an dem „die Leute allein von ihrem Fleiß und ihrer Sparsamkeit abhängig" sind und von keiner staatlichen Fürsorge; Townsend (2011, S. 52).

Emigranten aufgrund der fortbestehenden staatlichen Nachfrage schnell durch andere ersetzt, so Townsend.[68]

Im Rahmen eines natürlichen Marktgleichgewichts droht nicht nur die Flucht vor der Armut, sondern auch die Verschleppung von Menschen in fruchtbare Regionen, deren Potential zur Nahrungsversorgung bisher nicht an seine Grenze geraten ist, als naturgemäße Distributionsmaßnahme zur Herstellung einer natürlichen Verteilung der Weltbevölkerung nach Maßgaben der Nachfrage, akzeptiert zu werden. Folgender Satz in Townsends Essay deutet zumindest auf eine solche Rechtfertigung von Menschenhandel und Normalisierung von Armutsmigration hin: „Weder die Schweiz noch die Küste Afrikas sind durch Auswanderung [sic!] entvölkert, weil in beiden die Nahrungsmenge unverändert bestehen blieb".[69] Schweizer*innen siedelten ab dem späten 18. Jahrhundert unter anderem in den nordamerikanischen Kolonien.[70] Vor allem dorthin verschifften und verschleppten Europäer*innen versklavte Afrikaner*innen. Der nächste, oben bereits zitierte Satz setzt dann Menschen unter Berufung auf die Natur des Marktes und den Markt der Natur mit Handelswaren gleich. Townsends Ausgangspunkt für diese Überlegungen zur Bevölkerungsdistribution ist und bleibt die Topologie der Insel.

Bemerkenswert ist, dass er in Zeiten, in denen in England über die Abschaffung der Sklaverei diskutiert wurde, die angeblich natürlichen Prinzipien des Marktes für eine Apologie der spanischen Sklaverei und amelioristischer Kritik an der englischen Sklaverei heranzieht. So preist Townsend in seine „Journey through Spain", die er während der Arbeit an „Über die Armengesetze" unternahm, die Sklaverei in spanischen Kolonien an:

„The treatment of the negroes in Spanish settlements is *so humane, so wise, so just, and so perfectly agreeable to the principles of political economy*, that I rejoice in the opportunity of giving to their government the praise which is so peculiarly its due. The slave, both in his person and his property, is under the protection of the laws and retains the right of redemption on equitable terms. [...] As to acquisition of property it is rendered easy for the slave, *if he has either industry or any desire to be free*; because he may claim the numerous festivals, besides two hours in the middle of the day, to cultivate his garden, to feed his poultry and his pigs and to carry his commodities to market. *Is not this regulation more beneficial to the whole community, than if all the slaves indiscriminately were restored to freedom?*"[71]

Townsend sieht diese perfide, weil scheinbar humane Form der *Sklaverei nach den Gesetzen der politischen Ökonomie* auf Cuba und anderen Inseln der kolonialen Karibik verwirklicht, wo die fleißigsten und sparsamsten frei und wirtschaftlich erfolgreich seien. Wieder scheint ihm die Insel epistemologisch besonders geeignet für die Erfahrung, Beobachtung und Legitimation der Gesetze des Marktes und ihrer Folgen: "On the Spanish *Islands* its *good effects* have been experienced to such a degree that most of

---

[68] vgl. ebd., S. 36.
[69] ebd.
[70] vgl. Vuilleumier (2010, S. 191).
[71] Townsend (1791, S. 381 ff.); Hvg. LH.

the artificers, the tradesmen and mechanics, are negroes, who […] have obtained their freedom; and […] it has been observed, that two of the best batallions at the Havannah are composed of blacks, who have been slaves."[72] Die spanischen Inselkolonien werden als Topos der politischen Implementierung und Legitimation von Sklaverei auf Basis ökonomischer Naturgesetze vorgeführt. Unter den ‚natürlichen' Bedingungen auf den Inseln, für die die spanische Regierung („peculiarly") garantiert, diene die Möglichkeit und Hoffnung, sich freizukaufen, den Sklaven als Ansporn zur Arbeit. Gefangene Sklaven hätten die Freiheit, mit anderen Worten, weder verdient noch gewollt. Das Gemeinwohl profitiere von der ‚Befreiung' der Sklaven nach den Gesetzen des Marktes, die zwischen Fleißigen und Faulen, Freien und Unfreien diskriminieren, mehr als vom staatlichen Eingreifen ins Marktgleichgewicht, als das Townsend die Abschaffung der Sklaverei deutet.[73] Im Umgang mit Sklav*innen auf den spanischen Inseln sieht Townsend im Kleinen bereits den natürlichen Marktmechanismus von Juan Fernández realisiert, den er auch auf den Umgang mit den Armen Englands übertragen will.

Enclosure: Entbettung als Verinselung der Wirtschaft

Neben der schrittweisen Einstellung der Armenfürsorge[74] ist eine von Townsends wichtigsten Forderungen: *enclosure*. Die bisherige Gesetzgebung habe nicht nur „die Aufteilung der Allmende in Einzelbesitze" und damit die Anhäufung von Eigentum und die Erhöhung der Nahrungsmenge erschwert, sondern auch den zivilisatorischen Fortschritt gehemmt.[75] Denn *enclosure* sei der natürliche – und das heißt bei Townsend immer: marktkonforme – Schritt der Menschheit aus dem Urzustand heraus.[76] Durch die Allmende hingegen gerate die natürliche Entwicklung aus dem Gleichgewicht: „Es ist bekannt, dass unser gesamtes Vieh auf den Allmenden verhungert, wenn die Anzahl, die zum Weiden zugelassen ist, nicht begrenzt wird. Hier sehen wir, welche natürliche Auswirkung diese Gütergemeinschaft [community of goods] hat, der die Armengesetze allgemeine Gültigkeit verschaffen würden."[77] Townsends Forderung nach *enclosure* impliziert einerseits die Vor-

---

[72] ebd., S. 382 f.; Hvg. LH.

[73] Ähnlich argumentiert Townsend auch in „Über die Armengesetze", wenn er behauptet: „Ein Sklave muss zur Arbeit gezwungen werden; ein freier Mann sollte selbst entscheiden und urteilen dürfen […] Kehrt man zu den niedrigen Motiven zurück, die den Sklaven prägen, und traut man nur dem Zwang, dann müssen alle Segnungen des freiwilligen Dienens für den Knecht wie für den Herrn verloren gehen." Townsend (2011, S. 15).

[74] vgl. ebd., S. 53; diese Maßnahme hält Townsend für besser als alle lindernden Maßnahmen gegen Folgen von Armengesetzen; vgl., 38–47.

[75] ebd., S. 57.

[76] vgl. ebd., S. 29.

[77] ebd., S. 31 f.; Townsend nimmt damit vorweg, was später unter dem Titel „Tragik der Allmende" bekannt wurde; vgl. Hardin (1968).

stellung, dass nur solche Güter, deren Zugang beschränkt und deren Menge begrenzt ist, im Sinne der Naturgesetze des Marktes bewirtschaftet werden könnten; andererseits, dass die Zugangsbeschränkung selbst ein Ergebnis des Marktmechanismus sei.[78] Die Forderung nach *enclosure* folgt dem Paradigma der Inseltopologie.

Defoes *islands of improvement* oder Robinsons *improvement of the island* zielten noch nicht auf die Herstellung, sondern auf die Überwindung des Naturzustands durch *enclosure* ab. Natur und Wirtschaft wurden unterschieden. Die Natur, auch die der Insel, war bedrohlich und unwirtschaftlich, die Insel ein ambivalenter Ort von Öffnungen und Schließungen. *Enclosure* isolierte die Insel von der Natur und machte sie zu allererst zur ökonomischen Insel und zum Ein-Mann-Staat nach dem Vorbild Englands. Staat und Wirtschaft standen aus der merkantilistischen Perspektive in keinem klaren Abgrenzungsverhältnis. *Enclosure* war für Merkantilisten wie Defoe ein Mittel zur staatlichen Regulierung und sozialen Kontrolle der Wirtschaft.[79]

Für Townsend ist die geschlossene Insel der Normalzustand, in dem die Naturgesetze des Marktes herrschen. Zwischen Natur und Wirtschaft besteht eine enge Analogie, Staat und Wirtschaft werden hingegen klar voneinander abgegrenzt. Natürlicherweise ist die Wirtschaft vom Staat isoliert. Der Allmende-Staat abseits von Juan Fernández bedroht das wirtschaftliche Gleichgewicht, weil er die natürlichen Grenzen der Wirtschaft öffnet. Townsends *enclosure* setzt die ‚natürliche', ‚gottgewollte' Trennung der Wirtschaft vom Staat erneut ins Werk. Im Zeichen der Insel entpolitisiert und enthistorisiert Townsend die Wirtschaft. Auf Juan Fernández vollzieht sich die Trennung der Wirtschaft vom Staat und die Ökonomisierung der Gesellschaft. „Economic society had emerged as distinct from the political state."[80] Die politische Ermöglichung von *enclosure* soll aus England eine marktliberale Wirtschaft nach dem Vorbild der Ziegen-Insel machen.

Die historischen Bedeutungsverschiebungen innerhalb der Unterscheidungen von Insel, Naturzustand, Ökonomie und Staat verdeutlichen, dass ebenso wenig, wie vorausgesetzt werden kann, dass auf der Insel von Natur aus eine erstrebenswerte ökonomische Ordnung herrscht, es selbstverständlich ist, dass *enclosure* ein Ergebnis und eine Voraussetzung für die Naturgesetze der Ökonomie darstellt. Auch wenn im Zeichen der Insel Natur, Kultur, Ökonomie und *enclosure* bereits in einem Sinnzusammenhang stehen, so ist es doch die konkrete Bedeutung, begriffliche Anpassung und Formierung dieses Sinns, durch die Townsend seinen Inselmythos hervorbringt. Erst nach der beschriebenen Verschiebung und Deformierung fungiert die Insel als Topos der „Entbettung" der Ökonomie im Zuge der Institutionalisierung der Ökonomik und Marktwirtschaft.[81] Das nächste Kapitel widmet sich ein weiteres Mal der mythologischen Vermessung des Spannungsfeldes zwischen Sinn und Form, in dem die Insel verortet werden kann, wenn die Ökonomik sie als Landschaft der Theorie in Gebrauch nimmt.

---

[78]vgl. Townsend (2011, S. 29).

[79]vgl. Polanyi (2001, S. 40, 73 ff.).

[80]ebd., S. 120; vgl. auch Dockès (1990).

[81]Lepenies (2011, S. 115); vgl. Polanyi (2001, S. 40, 73 f.).

Die Geburt des Bevölkerungsgesetzes aus dem Geist der Insel. Zu den Grenzen von Malthus' Populationsökonomik

5

„Die mathematischen Marktmodelle der Ökonomen stehen in einer Entwicklungslinie, die bei den Ziegen und Hunden von Juan Fernández beginnt".[1] In dieser Tradition, die Bevölkerungsökonomik, politische Arithmetik und Inselästhetik verknüpft, steht auch Thomas Robert Malthus.[2] Von Anfang an waren die institutionalisierte politische Ökonomik in England und die bevölkerungsökonomische Ästhetik der Insel über den Namen Malthus verbunden. Das Werk des im Jahr 1806 ersten Lehrstuhlinhabers für „Political Economy" am College der *East India Company* und in England überhaupt wurde bereits intensiv rezipiert und analysiert.[3] Der Wissenschaftsgeschichte ist er unter anderem aufgrund seines Einflusses auf die Evolutionstheorien und Naturgeschichten Charles Darwins und Alfred Russel Wallaces bekannt.[4] Dabei sind Malthus' ökonomische Originalität und seine Rolle als Diskursbegründer der Bevölkerungstheorie längst theoriegeschichtlich widerlegt.[5] Malthus wichtigster Beitrag zur Bevölkerungsökonomik besteht in der mathematischen Modellierung etablierter Theoreme, gestützt durch statistische Daten: „Neu bei Malthus war die mathematische Formulierung des Bevölkerungsgesetzes".[6] Diese besteht aus der Gegenüberstellung zweier Wachstumsquoten: derjenigen der Bevölkerung und derjenigen der Nahrungsmittel.

---

[1] Lepenies (2011, S. 114).
[2] vgl. Bashford (2014, S. 17 f.).
[3] vgl. Waterman (1998, S. 304–308).
[4] vgl. Bashford (2014, S. 11, 36 f.); Chaplin (2006, S. 43 f.).
[5] Begründete Plagiatsvorwürfe gegen Malthus erhob Marx, Schumpeter ordnete Malthus theoriegeschichtlich ein und unter, Malthus selber würdigte ab der zweiten Ausgabe seines Essays seine Vordenker; vgl. Marx und Engels (1983, S. 644 f., Fn. 75); Schumpeter (1954, S. 254 f.); Malthus (1803, S. iv).
[6] Lepenies (2011, S. 101, vgl. ebd., ff.).

Schon in der ersten Ausgabe seiner „Principles of Population" erfährt man, was schon Townsend wusste, dass die Bevölkerung eines Landes sich ohne Gegenmaßnahmen alle 25 Jahre verdoppeln könne.[7] Erst die zweite, deutlich erweiterte Ausgabe des Essays legt offen, woher Malthus diese Wachstumsquote nahm. Er importierte sie aus den nordamerikanischen Kolonien Englands, genauer aus Benjamin Franklins Text „Observations Concerning the Increase of Mankind, Peopling of Countries, &c".[8] Darin entwarf der spätere Unterzeichner der *Declaration of Independence* – noch voller imperialem Enthusiasmus für ein britisches Weltreich – in Analogie zur Vermehrung von Tieren und Pflanzen, ein Wachstumsgesetz als Naturgesetz für die Population englischer Kolonisator*innen Nordamerikas:

> „Was the face of the earth vacant of other plants, it might be gradually sowed and overspread with one kind only; as, for instance, with Fennel; and were it empty of other inhabitants, it might in a few Ages be replenish'd from one nation only; as for Instance, with *Englishmen* […] Thus there are suppos'd to be now upwards of One Million *English* Souls in *North America*. This million doubling, suppose but once in twenty-five years […] What an accession of Power to the *British* empire by the Sea as well as Land!"[9]

Angelehnt an Franklin, leitet auch Malthus mathematische Gesetzmäßigkeiten der menschlichen Gesellschaft aus der Natur her.[10] Problematisch und damit vollständig ist Malthus' Bevölkerungsgesetz aber erst, wenn sich dem Bevölkerungswachstum „Hindernisse", „Barrieren" und „Schranken" in den Weg stellen, mit denen ein bevölkerungsökonomischer Umgang gefunden werden muss.[11] Hier geraten Inseln erneut ins Spiel der theoretischen Gezeiten und zu einem wichtigen Ankerpunkt in Malthus' Argumentation. Inseln spielen in zwei Phasen seines Theorieprojekts eine Rolle: Zunächst fungiere die Insel als Topos der Theoriebildung und epistemologisches Instrument zur Demonstration der Richtigkeit der Theorie, ab der zweiten Ausgabe setzt der Autor Inseln als empirische Belege für die Theorie in Szene – während er den Auftritt anderer Inseln auf der Bühne der Theorie verhinderte.

---

[7] vgl. Malthus (1977, S. 21); Townsend (2011, S. 31).
[8] Franklin (1918); vgl. Chaplin (2006, S. 40 f.).
[9] Franklin (1918, S. 9); Hvg. i. O.
[10] vgl. Bashford und Chaplin (2016, S. 116).
[11] Malthus (1977, S. 15, 18).

Inseln als Topos der Theoriebildung

Malthus entwarf seine Theorie von der ersten Ausgabe im Jahr 1798[12] an im Spannungsfeld der Unterscheidung zweier Landschaften der Theorie, Insel und Kontinent. Auf deren epistemische Differenz stützte der Autor in der Erstausgabe des *Principle of Population* die wichtigsten Thesen seiner Theorie. Zwei Naturgesetze stehen sich gegenüber: Erstens das Gesetz der exponentiellen Bevölkerungsvermehrung und zweitens das Gesetz des linearen Nahrungsmittelzuwachses. Im Falle ungebremster Vermehrung übersteige die Bevölkerungszahl also immer irgendwann die Zahl derjenigen, die ausreichend mit Nahrung versorgt werden können. Die Folgen dieser Entwicklung seien Hungersnöte. Diese so weit wie möglich einzudämmen sei die Funktion von sogenannten „checks", die das Bevölkerungswachstum präventiv verlangsamen beziehungsweise verhindern oder die Bevölkerungszahl nachträglich reduzieren.[13] Die Relevanz des Bevölkerungsproblems und die soziale Notwendigkeit für *checks* leitet sich für Malthus erst aus der räumlichen Begrenzung ab. Wäre der Raum fruchtbar und unendlich groß, dann könnte er theoretisch eine unbegrenzte Zahl von Bewohner*innen versorgen.

Das natürlicherweise ungehemmte Bevölkerungswachstum folgt einer kontinentalen Topologie. Der Kontinent Amerika repräsentiert dabei den Fall, dass zumindest über den beobachtbaren Zeitraum für das Bevölkerungswachstum quasi „keine Hindernisse auftreten"[14]. Die amerikanischen Kolonien stellen für Malthus, wenn nicht den theoretischen Idealfall unbegrenzter Vermehrungsmöglichkeiten, so doch „beinahe die äußerste Vermehrungsmöglichkeit", also den empirischen Extremfall dar.[15] Die Insel England ist der komplementäre Fall, an dem Malthus die Wachstumsquote und relative Knappheit der Nahrungsmittel abschätzt.[16] Schon mit ihrer Einführung in der Erstausgabe wird die Insel von Malthus zur Repräsentantin eines beliebigen Fleckes Land auf der Erde ernannt: „Let us now take any spot of earth, this Island for instance".[17] Laut Malthus könne die Nahrungsmenge in England bestenfalls linear wachsen und werde über kurz oder lang von der Bevölkerungszahl eingeholt.[18] Aber selbst, wenn die Nahrungsmenge auf diese Weise unablässig weiterwüchse, könnte sie bald nicht mehr die ganze Bevölkerung ernähren.[19]

---

[12]vgl. die deutsche Übersetzung der englischen Erstausgabe, Malthus (1977).

[13]vgl. ebd., S. 2.

[14]ebd., S. 20 f.; vgl. in der zweiten Ausgabe, Malthus (1803, S. 4).

[15]Malthus (1977, S. 21).

[16]ebd.; vgl. Malthus (1803, S. 6).

[17]Zit. nach, Bashford (2014, S. 29); vgl. in der deutschen Übersetzung, Malthus (1977, S. 21).

[18]vgl. Malthus (1977, S. 21); wahrscheinlicher seien abnehmende Grenzerträge; vgl. Malthus (1803, S. 6); ich komme weiter unten darauf zurück.

[19]vgl. Malthus (1977, S. 22 f.).

Einige Kommentator*innen glaubten später, Malthus' Bewusstsein für das Bevölkerungsproblem sei bereits in der ersten Ausgabe seines Essays ein „product of British geographical sensibilities".[20] Die von Malthus beschriebene Topologie der Insel Großbritannien (und der Erde) sei von vornherein mit räumlicher Begrenztheit verbunden. Allerdings repräsentiert die Inselform Großbritanniens, die Malthus in seiner Erstausgabe zwecks Thesenbildung beschreibt, keine absolute räumliche Wachstumsgrenze, sondern den für den Autor selbst spekulativen Extremfall ausschließlich relativer Grenzen, die zwar zu langsam, aber prinzipiell unendlich weit ausgedehnt werden können.[21] „Bei dieser Annahme sind den Erträgen der Erde keine Grenzen gesetzt; sie mögen unablässig zunehmen und größer sein als jede bestimmbare Menge", so der Autor.[22] Selbst, wenn in ein paar hundert Jahren „jeder Morgen Land auf unserer Insel [England] zu einem Garten geworden" ist, können die Erträge eines jeden Gartens immer weiter gesteigert werden.[23] Die argumentative Pointe dieser, für Malthus überraschend optimistischen, Prämisse liegt darin, dass selbst in diesem ‚Best-Case-Szenario' das Bevölkerungsgesetz noch gelte: Selbst, wenn dem Raum immer mehr Nahrung abgewonnen werden könne, reiche die Zuwachsgeschwindigkeit angesichts der Bevölkerungsentwicklung nicht aus. Technischer und sozialer Fortschritt könnten, anders als Malthus' Gegner William Godwin und andere Optimisten meinten, die Folgen der Bevölkerungsvermehrung nicht ausgleichen.[24] Erst in späteren Ausgaben fungieren Inseln als Zeichen absoluter Grenzen.

Zuvor treibt Malthus das Bevölkerungsproblem auf die Spitze, indem er die beiden Extremfälle kombiniert. Er macht das kontinentale Gesetz des Bevölkerungswachstums und die insularen Grenzen des Nahrungswachstums gleichzeitig und für die ganze Welt geltend.[25] Unter insularen Bedingungen wird ein kontinentales Gesetz zur Theorie des Bevölkerungsproblems. Dieser hypothetischen Kombination der beiden Fälle mangelt es aber an empirischer Evidenz: Auch wenn bereits Franklin im Falle Nordamerikas darauf hingewiesen hatte, dass „crowding and interfering with each others means of subsistence" der kolonialen Vermehrung auch auf dem Kontinent zumindest theoretisch Einhalt gebieten könnten, und England mahnte, „to secure room enough, since on the room depends so much the increase of her people", wird an Amerika das Bevölkerungsproblem nicht ersichtlich.[26] Zwar bestätigen erste Zensusdaten ab 1790 Franklins Vorhersagen für die Entwicklung der Kolonisator*innenpopulation in Nordamerika, aber Amerikas Wachstumsgrenzen sind noch lange nicht erreicht, noch lange ist nicht jeder

---

[20]Bashford und Chaplin (2016, S. 150 f.); Bashford (2014, S. 56 f.).
[21]vgl. Malthus (1977, S. 22 f.).
[22]ebd., S. 23.
[23]ebd., S. 21.
[24]Für Malthus Argumentation gegen Godwin vgl. v. a. ebd., S. 9.
[25]vgl. Bashford und Chaplin (2016, S. 68).
[26]Franklin (1918, S. 9).

Morgen Land zu einem Garten geworden.[27] Zu groß und zu dünn besiedelt ist das Land um 1800, weitgehend unerschlossen seine Ressourcen. Über Englands Bevölkerungsentwicklung existieren zurzeit von Malthus' erstem Essay keine verlässlichen Daten. Die erste landesweite Volkszählung erfolgte erst 1801.[28] Das Bevölkerungsproblem Englands blieb bis auf weiteres Objekt spekulativer Extrapolation von Beobachtungen, die in seinen Kolonien gemacht wurden. Dem Anspruch der klassischen Ökonomik, eine empirische, positive Wissenschaft zu sein, genügen Malthus' Beobachtungen 1798 nicht. An diesem Anspruch aber will sich der Ökonom erklärtermaßen messen lassen: „Es ist eine anerkannte Wahrheit in der Wissenschaft, daß eine wohlbegründete Theorie stets durch die Erfahrung bestätigt werden muß. [...] Meiner Meinung nach, wird sich herausstellen, daß die Erfahrung – die eigentliche Quelle und Grundlage allen Wissens – die absolute Richtigkeit der These bestätigen wird."[29]

Insel als Instrument der Theoriedemonstration

Die Suche nach empirischen Erfahrungen spiegelt sich in der Kapitelstruktur der zweiten Ausgabe von 1803 wieder.[30] Ab der zweiten von insgesamt sechs Ausgaben sammelte Malthus Belege für seine Theorie in zahlreichen Fallstudien. Dabei spielen Inseln eine herausragende Rolle. In der gleichen Edition, in der Inseln zu paradigmatischen Landschaften von Malthus' Theorie werden, passt der Autor seine theoretische Prämisse an: Er geht, anders als in der ersten Ausgabe, nicht mehr vom hypothetischen Fall aus, dass die Nahrungsmenge unendlich wachsen könne. Stattdessen sind den Erträgen der Erde nun klare räumliche Grenzen gesetzt. Der Ertrag des Raums sei von Natur aus nicht unendlich steigerbar. Die absolute Begrenztheit des Raumes wird zur notwendigen Bedingung der malthusianischen Bevölkerungstheorie:[31]

> „*Man is necessarily confined in room.* When acre has been added to acre till all the fertile land is occupied, the yearly increase in food must depend upon the amelioration of the land already in possession. *This is a stream, which, from the nature of soils instead of increasing must be gradually diminishing.*"[32]

In diesem Zusammenhang sind Inseln nicht mehr bloß ein Beispiel für die relative Langsamkeit des Nahrungsmittelwachstums im Vergleich zur Bevölkerungsvermehrung,

---

[27] vgl. Chaplin (2006, S. 40).
[28] vgl. Bashford und Chaplin (2016, S. 155).
[29] Malthus (1977, S. 15, 19); zu Malthus' Wissenschaftsverständnis vgl. auch Stavenhagen (1969, S. 76 ff.).
[30] vgl. Malthus (1803, S. ix–xi).
[31] vgl. Bashford (2014, S. 29 ff.).
[32] Malthus (1803, S. 5); Hvg. LH.

sondern für deren räumliche Grenzwerte. Inseln bedeuten nun die Absolutheit der natürlichen Begrenzung von Nahrung und damit von Population. Zusätzliche Bevölkerung bringe zwar zusätzliche Arbeitskraft für die Nahrungsmittelherstellung mit sich. Aber diese fließe, mangels frischen Bodens, in die Verbesserung bereits bearbeiteten Bodens, dessen zusätzlicher Ertrag mit jeder zusätzlichen Arbeitskraft abnehme[33]. Neuland steht, wenn überhaupt, nur in der sogenannten „Neuen Welt"[34] und auch dort nur endlich in Aussicht. So fragte Malthus rhetorisch in Richtung Godwin: „Where is the fresh land to turn up?"[35] In keinem Abschnitt von Malthus' Buch werden die absoluten ‚Grenzen des Wachstums' deutlicher, als im Kapitel über die „Checks to Population in the Islands of the South Sea". In der zweiten Ausgabe wendet sich Malthus, nachdem er das Wachstumsgesetz von Amerika abgeleitet hat, und noch bevor er es auf Europa anwendet, den Inseln Ozeaniens zu:

> „[A] savage tribe in America, surrounded by enemies, or a civilized and populous nation, hemmed in by others in the same state, is in many respects in a similar situation [as on an island]. Though the barriers to a further increase of the population be not so *well defined* and so *open to common observation,* on continents, as on islands, yet they still present obstacles that are nearly as insurmountable. […] There is probably no island yet known, the produce of which could not be further increased. This is all that can be said of the whole earth. Both are peopled up to their actual produce. And *the whole earth is in this respect like an island.* But as the bounds to the number of people on islands, particularly when they are of *small extend,* are so *narrow,* and so *distinctly marked,* that *every person must see and acknowledge* them, an inquiry into the checks of population on those of which we have the *most authentic accounts* may perhaps tend considerably to *illustrate* the present subject".[36]

Geeignet für Malthus' erklärten Zweck, seine Theorie zu „illustrieren", sind Inseln vor allem aus zwei Gründen, die das Zitat zu erkennen gibt. Erstens gebraucht Malthus eine dem Inselmythos seit der frühen Neuzeit und spätestens der Aufklärung eigentümliche Epistemologie: Die Insel wird in dieser Tradition als kleiner, klar abgegrenzter und übersichtlicher Raum mit deutlichen „limits"[37] konfiguriert, der für jede*n einfach zu beobachten und von äußeren Einflüssen deutlich demarkiert ist. Dem tradierten Stereotyp folgend, bringt Malthus die Insel als allegorische Repräsentantin der globalen Situation in Stellung. Die Insel stehe stellvertretend für die Welt.

Zweitens verbindet Malthus die Inselepistemologie mit der Aussicht auf verlässliche empirische Daten über die Bevölkerungsentwicklung auf bestimmten Inseln. Solche „authentischsten" Schilderungen und Daten konnte Malthus unter anderem den

---

[33]Heute spräche man bei solchen Zusammenhängen von *diminishing returns* oder abnehmenden Grenzerträgen.
[34]vgl. Bashford und Chaplin (2016, Kap. 1).
[35]Malthus (1803, S. 371).
[36]ebd., S. 46 f.; Hvg. LH.
[37]ebd., S. 62.

Berichten James Cooks entnehmen, der zwischen 1768 und 1779 die sogenannte ‚Südsee' besegelte. Cook war von der englischen Krone zur Landnahme beauftragt worden und dazu, „to observe the *Nature of the Soil, and the Products thereof;* the Beasts and Fowls that inhabit or frequent it, the Fishes that are to be found in the Rivers or upon the Coast and *in what Plenty* [...] likewise to observe the Genius, Temper, Disposition and *Number of the Natives*".[38] Cooks imperiale Expedition verfolgte also von Anfang an auch bevölkerungsökonomische Absichten. Die koloniale Expansion und die Bevölkerungstheorie segelten gewissermaßen unter derselben Flagge.

Auch die Aufzeichnungen von Cooks Bordnaturalisten Joseph Banks weisen bevölkerungsökonomische Überlegungen auf.[39] Später legte Cooks Herausgeber und Direktor der *East India Company,* John Hawkesworth, Banks' Worte dem Kapitän in den Mund, indem er ihn wie folgt zitierte:[40] „By what means the inhabitants of this country are reduced to such a number as it can subsist, is not perhaps very easy to guess; whether, like the inhabitants of New Zealand, they are destroyed by the hands of each other in contests for food; whether they are swept off by accidental famine; or whether there is any cause that prevents the increase of the species, must be left for future adventurers to determine."[41] Malthus erkennt in Cooks vermeintlichen Worten seine Forschungsfrage wieder. Umstandslos liest er Cooks Reisebericht als empirische Beantwortung dieser eigenen Forschungsfrage. Er übernimmt das angebliche Cook-Zitat wörtlich in die zweite Ausgabe seines Essays.[42] Auffälligerweise im Kapitel über die Südseeinseln wiederholt Malthus noch einmal Cooks, d. h. Banks', Frage und erklärt ihre verallgemeinerte Anwendung zum Ziel seines Essays:

> "The question that is asked in Captain Cooks first voyage, with respect to the thinly scattered savages of New Holland, 'By what means the inhabitants of this country are reduced to such a number as it can subsist'? may be asked with equal propriety of the most populous islands in the South Sea, or of the best peopled countries in Europe and Asia. *This question, applied generally,* appears to me to be highly curious, and to lead to the elucidation of some of the most obscure, yet important points, in the history of human society. *I cannot so clearly and concisely describe the precise aim of the first part of the present work, as by saying, that it is an endeavour to answer this question so applied.*"[43]

Von der Insel-Welt als Allegorie zur ganzen Welt verspricht sich Malthus die *allgemeine Beantwortung* von Banks' Frage und den Beweis für seine Theorie. Zudem stellten einige kleine, koloniale Insel für Malthus hinreichend „authentisch" quantifizierte oder

---

[38] Cook (1768); Hvg. LH.
[39] vgl. Bashford und Chaplin (2016, S. 98).
[40] vgl. ebd., S. 93–98.
[41] zit. nach ebd., S. 91.
[42] vgl. Malthus (1803, S. 18); vgl. Bashford und Chaplin (2016, S. 91).
[43] Malthus (1803, S. 47).

zumindest quantifizierbare Räume dar.[44] Auf eine dieser Insel stieß Malthus bei seiner Lektüre von Cooks Reiseberichten: Tahiti. Die größte der Gesellschaftsinsel war für Malthus besonders interessant, weil sich auf ihr zweierlei ähnlich signifikant verdichtet hatte: Erstens der europäische Inselmythos und zweitens die statistisch dokumentierte Bevölkerung.

Der Inselmythos Tahiti

Wie keine zweite Insel verlieh die sogenannte Entdeckung Tahitis dem europäischen Inselmythos aus den 1750er Jahren Auftrieb, indem sie das von Rousseau präfigurierte Inselbild zu bestätigen schien.[45] In drei Jahren – 1767, 1768 und 1769– wurde die Insel von drei Europäern – Samuel Wallis, Antoine de Bougainville und James Cook – gleich dreimal ‚entdeckt'. Den von den Berichten der drei Kapitäne angestoßenen Veröffentlichungen nach war mit Tahiti eine reale Insel gefunden, wie sie von den französischen und schottischen Stadientheoretikern bereits jahrzehntelang als Denkbild vorausgesetzt worden war.[46] Eine Insel, die nicht nur klein und übersichtlich, sondern zudem so abgelegen war, dass man an ihren Bewohner*innen einen Zustand nahe dem Urstadium, dem Naturzustand der Menschheit, zu beobachten können glaubte.

In Folge der ‚Entdeckung' Tahitis, wurde die europäische Vorstellung der Insel von zahlreichen Darstellungen informiert, wie besonders Richard Grove gezeigt hat. Sowohl Denis Diderots utopische Fortschrift von Bougainvilles Reisebericht,[47] als auch die Texte Philibert Commersons, der 1768 als Botaniker mit Bougainville nach Tahiti segelte,[48] und Bernardin de Saint-Pierres, einem Schüler Rousseaus, deren Inselbilder wiederum von Defoe und noch mehr von Rousseau präfiguriert waren, idealisierten den Mythos des von der modernen Gesellschaft unberührten Inselparadieses Tahiti als kulturkritisches Gegenbild Europas.[49] Commerson etwa untermauerte Rousseaus literarisches Inselbild nach seiner Rückkehr aus Tahiti in einer Veröffentlichung 1769 mit ‚empirischen' Fakten, die er auf seiner Reise gesammelt hatte.[50] Die tropische Insel diente diesen Autoren als topographischer Beleg und topologischer Signifikant eines Begriffs von unberührter Natur, idealem Zusammenleben, Isolation und Begrenztheit, Abgelegenheit von Staat und Gesellschaft und der Möglichkeit eines sozialen Neuanfangs.

---

[44]vgl. auch Bashford und Chaplin (2016, S. 150); Meynen (2016, S. 71).
[45]vgl. Billig (2009, S. 122–139, 149).
[46]vgl. Bashford und Chaplin (2016, S. 148).
[47]vgl. Funke (2005, S. 76 f., 93 f.).
[48]vgl. Grove (1997, S. 223).
[49]vgl. ebd., S. 229; ganzer Textabschnitt 222–255.
[50]vgl. ebd., S. 238, 241.

Vermutlich war Malthus mit den von Rousseau beeinflussten französischen Beschreibungen Tahitis vertraut. Der Bevölkerungstheoretiker zitiert etwa Bougainvilles Bericht jener Reise nach Tahiti, an der auch Commerson teilgenommen hatte.[51] Vor allem aber war Malthus' Vater, Daniel, ein glühender Rousseauist und mit seinem französischen Idol freundschaftlich verbunden.[52] Thomas Robert Malthus kannte die rousseauistischen Ansichten seines Vaters und teilte sie nicht. Ein Streitgespräch zwischen Vater und Sohn über die Natur des Menschen soll sogar die Verfassung des Essays von 1798 veranlasst haben.[53] Bashford und Chaplin vermuten, dass Malthus in seinen Texten aus Respekt seinem Vater gegenüber Rousseau nie direkt für dessen, in des Sohnes Augen allzu positive Darstellung der menschlichen Natur angriff.[54] Aus dem gleichen Grund, so ließe sich mutmaßen, äußerte sich Malthus auch nie direkt zu Rousseaus romantischer Mythifizierung der Insel als Topos eben jenes menschlichen Naturzustands. Malthus erwähnte Rousseau in seinem Essay nicht ein Mal.[55] Trotzdem grenzt er sich sowohl von dessen Naturdarstellung als auch von dessen Inselbild entschieden ab: Zum einen, indem er sich von den Ansichten Abbé Raynals distanziert, die denen Rousseaus in vielem ähneln, zum anderen, indem er die von Rousseau geprägte Bedeutung Tahitis den Begriffen und dem Wissen der Bevölkerungsökonomik anpasst, um dieses Wissen zugleich mit Evidenz und einem Wirklichkeitseffekt auszustatten.

Reverend Malthus gegen Abbé Raynal

Stellvertretend für Rousseau also attackierte Malthus Guillaume-Thomas-François Raynal, auch bekannt als Abbé Raynal, weil dessen quasi-rousseausches Naturideal widersprüchlich und empirisch nicht nachzuweisen sei.[56] Raynals Vergleiche von sogenanntem ‚primitivem' und ‚zivilisiertem' Leben hielt Malthus für „most inconsistently". Obwohl der Abbé den Menschen im Naturzustand ganz im Sinne Rousseaus für „morally shure of a competent subsistence" halte, müsse er eingestehen, dass selbst dort, wo Nahrung vermeintlich im Überfluss vorhanden sei, regelmäßig Hungersnöte grassierten, oft ausgelöst von saisonalen Umweltveränderungen.[57] Malthus sieht in dieser „misery" einen Beleg für die Gültigkeit und Wirkungsweise seines Bevölkerungsgesetzes in allen Stadien der Menschheitsgeschichte. Immer und überall sei mindestens einer der drei „checkst to population" am Werk: Wenn „moral restraints",

---

[51] vgl. Malthus (1803, S. 53).
[52] vgl. Bashford und Chaplin (2016, S. 40, 55).
[53] vgl. ebd., S. 1.
[54] vgl. ebd., S. 128 f.
[55] vgl. ebd., S. 97.
[56] vgl. ebd., S. 128 f.
[57] Malthus (1803, S. 40).

vor allem die Angst ums Überleben der eigenen Kinder, sexuellen Kontakt und damit die Geburtenrate nicht im Voraus minderten oder menschgemachte „vices" wie Kriege den Bevölkerungszuwachs nicht entweder im Nachhinein oder die von Malthus als „improper arts" moralisierten Verhütungsmethoden, die er als Resultate von Prostitution und Promiskuität anführt, im Voraus ausglichen, dann käme es doch zwangsläufig zu „misery" wie saisonalen Hungersnöten, Epidemien und Naturkatastrophen.[58] Auch der Naturzustand bliebe davon nicht verschont. Dort sei *misery* in Abwesenheit der beiden anderen *checks,* Malthus zufolge, sogar der entscheidende Kontrollmechanismus.[59]

Malthus' Abgrenzung von der rousseauesken Naturvorstellung Raynals lässt erahnen, dass der Autor des Bevölkerungsgesetzes auch mit dem romantischen Inselmythos nicht uneingeschränkt konform geht. An Malthus' Inseldarstellungen, insbesondere der Darstellung Tahitis, wird deutlich, dass er seiner Theorie zwar gewisse epistemologische Eigenheiten des von Rousseau informierten Inselmythos dienstbar machte, ansonsten aber eine grundlegend andere Lesart der Insel verfolgte, als viele ihrer rousseauistischen Interpreten. Wiederum ist es Raynal, von dessen Inseldarstellung sich Malthus zur Einleitung seines Kapitels über die Bevölkerungskontrolle auf den Südseeinseln abgrenzt, in dem auch der Abschnitt über Tahiti zu finden ist. Raynal behaupte: „'It is among these people [islanders in general] that we trace the origin of that multitude of singular institutions that retard the progress of population'".[60] Die ursprünglich ausschließlich insularen *checks* seien später aufs Festland importiert worden.

Dieser Entstehungsgeschichte der Bevölkerungskontrollmechanismen über einen insularen Sonderweg widerspricht Malthus. „The Abbé does not seem to be aware",[61] so Malthus, dass die bevölkerungsökonomischen Begebenheiten, die auf Inseln lediglich besonders anschaulich beobachtet werden könnten, auf der ganzen Welt gälten.[62] Malthus stellt Inseln wie Tahiti nicht als empirischen Ausnahmezustand dar, der mitunter zum normativen Ideal oder genealogischen Ursprung erhoben werden kann. Darin unterscheidet er sich nicht nur von Rousseau und vielen von dessen Anhängern, sondern auch von Townsend. Ferne Inseln sind für Malthus weder Sehnsuchtsorte noch vornehmlich Urzustandsutopoi. Vielmehr, das offenbart auch die Auseinandersetzung mit Raynal, dienen Malthus Inseln als epistemische Idealsituationen, an denen sich universelle ökonomische Gesetze beobachten lassen, die überall auf der Welt, zu jedem Zeitpunkt in der Geschichte, in jeder Gesellschaft, unabhängig von kulturellen Unterschieden gelten. Inseln sind für Malthus nicht Modelle einer erstrebenswerten Alternative, sondern Zeichen der Alternativlosigkeit ökonomischer Gesetze.

---

[58]ebd., S. 10 f., 483; vgl. Bashford und Chaplin (2016, S. 80); zu den „improper arts" und insb. der Moralisierung von Sexualität in der klassichen Ökonomik vgl. Folbre (1992).

[59]vgl. Bashford und Chaplin (2016, S. 129).

[60]Malthus (1803, S. 46).

[61]ebd.

[62]vgl. ebd., S. 46 f.

Dies zeigt sich auch an der chronotopologischen Positionierung der Insel in Malthus' Stadientheorie.[63] Anders als bei Rousseau sind Inseln bei Malthus Topoi keines bestimmten historischen Stadiums. Sie sollen nicht nur eine Urzustandsnatur evident machen, die der Gesellschaft im Laufe ihrer Geschichte abhanden gekommen ist. Stattdessen fungieren Inseln als universelle Schauplätze einer anderen, ahistorischen Natur, die Malthus stadienübergreifend geltend machen will und die er nicht selten, wie auch im Falle Tahitis, im Präsens beschreibt:[64] der Natur des Bevölkerungsgesetzes. Dergestalt trägt die Inselästhetik zur Enthistorisierung, Universalisierung und Naturalisierung der auf ihr beobachteten bevölkerungsökonomischen Zusammenhänge bei: „*[T]he whole earth is in this respect like an island.*"[65] Seine universalistischen Ambitionen bedeuten jedoch nicht, dass Malthus' Stadientheorie ohne Rassismen auskäme.[66] Vielmehr bedient sich Malthus gezielt der Unterscheidung verschiedener Menschentypen auf verschiedenen Zivilisationsstufen (und Inseln), um seinem Bevölkerungsgesetz ‚rassen'- und kulturübergreifend Geltung zu verschaffen.[67]

Tahitis Bevölkerungsproblem: Fortpflanzung und Nahrung

Interessant für Malthus war Tahiti nicht bloß wegen ihrer epistemologischen Qualitäten, die er auch vielen anderen Inseln zuschrieb.[68] Bedeutungsvoll war Tahiti für ihn auch, weil sich alle Berichte über die Insel auf die Themen *Fortpflanzung* und *Nahrung* konzentrierten, die zentralen Variablen des Bevölkerungsgesetzes.[69] Sowohl Engländer als auch Franzosen beschrieben die dichte Besiedlung der Insel, die sexuelle Freizügigkeit ihrer Bewohner*innen und ihren gleichzeitig beinahe paradiesischen Reichtum an Nahrung.[70] In der Ausführlichkeit dieser Beschreibungen unterschied sich Tahiti für Malthus *signifikant* von vielen anderen Inseln und eignete sich besonders gut für seine Demonstration des Bevölkerungsgesetzes. Nachdem die abgelegenen Inseln Defoes und Townsends bereits Orte tierischer Fortpflanzung waren, konnotierten die Berichte von

---

[63] Moser plädiert dafür, „die Insel" als Raum-Zeit-Phänomen zu analysieren, als Chronotopos im Sinne Bachtins; vgl. Moser (2015, S. 281).

[64] vgl. mit Verweis auf Johannes Fabian Bashford und Chaplin (2016, S. 166); vgl. Fabian (1983, S. 76, 80).

[65] Malthus (1803, S. 46).

[66] vgl. Bashford und Chaplin (2016, S. 96).

[67] vgl. ebd., S. 161 f.

[68] vgl. Malthus (1803, S. 59 f.).

[69] vgl. Bashford und Chaplin (2016, S. 151).

[70] Zu den Beschreibungen von Bougainville und Commerson vgl. Grove (1997, S. 238 f.); zu Tahitiimpressionen von Cook, Banks, Forster vgl. Bashford und Chaplin (2016, S. 152 ff.).

Tahiti, auf die sich Malthus bezog, den Mythos der Insel-Welt mit menschlicher Sexualität und Fortpflanzung.

Spätestens mit dem Diskurs um Tahiti hielt die reproduktive menschliche Sexualität Einzug in den ökonomischen Topos der Insel.[71] Damit einher geht die Thematisierung der Rolle von Frauen für die Bevölkerungsökonomik. Die Anzahl, die Gesundheit und das Sexualverhalten von Frauen stehen, insbesondere auf Tahiti, im Blickpunkt männlicher Kolonisatoren und Bevölkerungstheoretiker.[72] Die Sexualisierung Tahitis, insbesondere ihrer Frauen und Mädchen, trug einerseits lange Zeit zu ihrem Bild als Inselparadies – vor allem für europäische Männer – bei.[73] Andererseits galt die vermeintlich freie Sexualität vor allem Kirchenmännern wie Malthus oder Townsend als sündhaft.

Aber nicht nur vom Standpunkt religiöser Moralvorstellungen, sondern auch aus der, oft davon abhängigen, bevölkerungstheoretischen Sicht der klassischen Ökonomik, widerspricht das notwendige Übel des Bevölkerungsproblems dem tradierten Topos des Paradieses.[74] Für Malthus offenbart sich auf Tahiti unter der Prämisse des Bevölkerungsgesetzes das ökonomische Dilemma des Inselparadieses:

> „Happiness and plenty have always been considered as the most powerful causes of increase. In a delightful climate, where few diseases are known, and the women are condemned to no severe fatigues, why should not these causes operate with a force unparalleled in less favourable regions? Yet, if they did, where could the population find room and food in such circumscribed limits?"[75]

Die malthusianische Tragödie ist, dass das Ende des Inselparadieses ausgerechnet wegen derjenigen Qualitäten unabwendbar scheint, derentwegen viele Beobachter Tahiti überhaupt erst als Paradies beschrieben hatten.[76] Mit der Fortpflanzung beginnt der Kampf um begrenzte Nahrung und limitierten Raum und die Notwendigkeit von *misery*. Tahitis Inselsituation, wie sie Malthus zeichnet, schließt zudem den Import von Ressourcen und die Emigration als Wege aus der Misere aus.[77] Wie die Menschheit von der Welt, könnten die Tahitianer*innen von Tahiti nicht auswandern.[78] Zu abgelegen sei die Insel,

---

[71] vgl. Grove (1997, S. 253, 236 ff.); dort ist auch zu lesen, dass diese Inselvorstellung erneut von Rousseau beeinflusst wurde.

[72] vgl. Malthus (1803, S. 53, 56).

[73] vgl. Bashford und Chaplin (2016, S. 48).

[74] Das hatte bereits Townsend angedeutet; vgl. Townsend (2011, S. 28).

[75] Malthus (1803, S. 50).

[76] Diese passt außerdem zu Malthus' Naturtheologie, die die ökonomischen Naturgesetze mit theologischem Wissen erklärt und begründet; vgl. Bashford und Chaplin (2016, S. 18 f.).

[77] vgl. Malthus (1803, S. 51).

[78] vgl. Meynen (2010a, S. 80); Meynen (2010b, S. 60).

zu mangelhaft die Schifffahrt ihrer Bewohner*innen.[79] Aufgrund der Beengtheit Tahitis, könne auch landwirtschaftlicher Fortschritt nicht für ausreichend Nahrung sorgen.[80] Die Folgen dieser Insel-Welt-Lage sind *vices* und *miseries,* die Malthus detailliert beschreibt, aus Reiseberichten zitiert und moralisch verurteilt. Die zwei gravierendsten „checks" auf Tahiti ordnet er in die Kategorien Verhütung und Kindstötung, vor allem von Mädchen, ein.[81] Dazu kämen Kriege, in denen neben Menschenleben Nahrungsmittel und Vorräte vernichtet würden.[82] Erwähnenswerten, wenngleich geringen Einfluss auf die Bevölkerungsstatistik Tahitis hätten zudem Menschenopfer und Krankheiten. Trotz alledem käme es immer wieder zu Hungersnöten.[83] Mithilfe Tahitis, der Insel, von der man nicht entkommen könne, manifestiert Malthus sein Bevölkerungsgesetz, dem keine Situation entgehe, in einer Form, „reduced to so narrow a compass, […] so clear, precise, and forcible, *that we cannot escape from it.*"[84]

Tahitis Bevölkerungsstatistik: *Great Fluctuations, Small Pocks*

Auf den ersten Blick klar, präzise und überzeugend wirken Malthus' Darstellungen des Bevölkerungsgesetzes am Beispiel Tahiti aber nicht nur wegen der epistemologischen Prägnanz der Insel. Deren präzise vermessene Größe und, aus der Vogelperspektive, vermeintliche Übersichtlichkeit stand Malthus auf der Karte James Cooks vor Augen.[85] (Abb. 5.1) Auch die empirischen Daten zur Bevölkerungsentwicklung Tahitis ließen sich zugunsten des Bevölkerungsgesetzes deuten. Tahitis Population war zur Zeit der zweiten Ausgabe von Malthus' Essay schon länger und häufiger statistisch erfasst worden als die Bevölkerung Englands, deren erster offizieller Zensus nur zwei Jahre zurücklag. Malthus konnte deswegen auf zahlreiche Schätzungen zurückgreifen. Angefangen bei Cooks Kalkulation von 204.000 Personen, entnahm Malthus jüngeren berichten von Missionaren eine viel geringere Anzahl von 50.000 Menschen, die später auf eine Zahl von 16.050 heruntekorrigiert wurde.[86] Trotz Zweifeln an der Genauigkeit der Daten ging Malthus davon aus, dass die Bevölkerungszahl Tahitis seit Cooks erster Schätzung kleiner geworden sei und über einen längeren Zeitraum zwischen leichter Überbevölkerung und leichter Unterbevölkerung oszilliere und fluktuiere.[87] Dafür sprächen

---

[79] Malthus unterschätzte die Navigationsfähigkeiten der Tahitianer*innen und die Seetüchtigkeit ihrer Boote; vgl. Oliver (1974, Kap. 8).

[80] vgl. Malthus (1803, S. 51).

[81] vgl. ebd., S. 51 ff.

[82] vgl. ebd., S. 53.

[83] vgl. ebd., S. 54 f.

[84] vgl. ebd., S. 51; Hvg. LH.

[85] vgl. Bashford und Chaplin (2016, S. 156).

[86] vgl. ebd., S. 152–156.

[87] vgl. Malthus (1803, S. 56 f.).

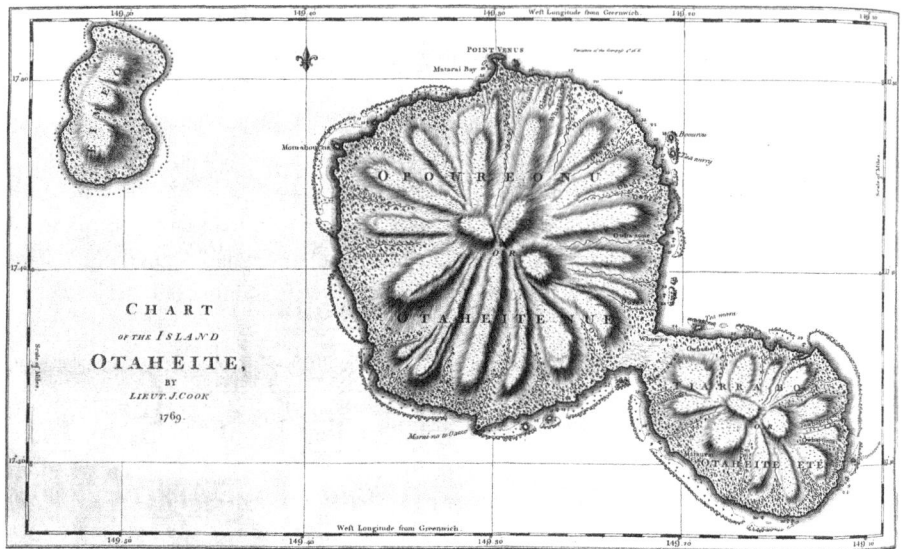

Abb. 5.1 James Cooks Karte der Insel Tahiti. In: Bashford et al. (2016): The New Worlds of Thomas Robert Malthus: Rereading the Principle of Population, Princeton. Dort: 153

auch die Reiseberichte Cooks und George Vancouvers, die von großen Schwankungen in der Nahrungsmittelversorgung der Insel zeugen.[88] Unter ‚natürlichen' ökonomischen Bedingungen und vermeintlich ohne staatliche Eingriffe wie in England halten sich Bevölkerungsgröße und Ressourcen also die Waage. Die empirischen Daten zur Bevölkerungsentwicklung auf Tahiti entsprechen laut Malthus „exactly what we should suppose from theory".[89] (Abb. 5.1)

Allerdings spielt Malthus den Einfluss der kolonialistischen Entdecker und Beobachter Tahitis auf ihr Beobachtungsobjekt herunter, obwohl seine Quellenlage deutliche Hinweise auf die verheerenden Folgen der von europäischen Schiffsbesatzungen eingeschleppten Pocken bereithielt.[90] „The diseases, though they have been dreadfully increased by European contact, were before peculiarly lenient; and even for some time afterwards, were *not marked by any extraordinary fatality*."[91] Allein mit der Erwähnung der „European deseases"[92] riskierte Malthus eine Einschränkung der epistemologischen und statistischen Evidenz seines Paradebeispiels. Denn unter diesem Aspekt erschiene

---

[88]vgl. ebd., S. 54.

[89]ebd., S. 57.

[90]vgl. Bashford und Chaplin (2016, S. 159).

[91]Malthus (1803, S. 54).

[92]ebd., S. 56.

misery ausgerechnet auf der paradigmatischen Insel nicht mehr als notwendiges Übel und natürlicher *check* der Bevölkerungsgröße einer Region, sondern als vermeidbares Importprodukt des Kolonialismus. Eine ernsthafte Berücksichtigung eingeschleppter Krankheiten zöge also gleichzeitig die Insel als Repräsentantin eines universellen Naturgesetzes der Ökonomie und die Natürlichkeit dieses Gesetzes in Zweifel. Aber indem Malthus den Effekt der Pocken – und damit die koloniale Einbettung seines Forschungsgegenstandes – letztendlich als unwesentlich und nicht außergewöhnlich abtut, hält er am Inselmythos der Bevölkerungstheorie fest.[93]

An der Grenze leben

Wie Townsend und viele andere Zeitgenossen argumentierte auch Malthus gegen die englischen *poor laws*. Auch er führt dagegen das Bevölkerungsgesetz und eine daraus abgeleitete *Laissez-faire*-Politik ins Feld.[94] Malthus stützt seine Forderungen nach der Abschaffung der Armengesetze vor allem auf deren schadhafte Preis- und Mengeneffekte auf den Güter- und Geldmärkten Englands, die dadurch entstehen, dass die Bevölkerung und damit die Nachfrage nach Nahrung, nicht aber das Angebot wachse: „The first obvious tendency is to increase population without increasing the food for its support. A poor man may marry with little or no prospect of being able to support a family without parish assistance".[95] Die Armengesetze minderten die *checks,* die ein Anwachsen der Bevölkerung ansonsten eindämmen würden.

Mit Townsend teilt Malthus auch das theoretische, wenn auch keineswegs philanthropische, Interesse an den Ärmsten der Armen – bei Townsend waren es die Schwächsten und Faulsten.[96] In der ersten Ausgabe seines Essays schreibt Malthus: „The distress arising from a scarcity of provisions, must fall hardest upon the least fortunate members of the society."[97] Die Auswirkungen des Bevölkerungsgesetzes ließen sich demzufolge gerade an den Armen besonders gut beobachten. Die Armen Englands

---

[93] Auch an anderen Stellen blendet Malthus koloniale Krankheiten (etwa in Australien und Nordamerika) und noch dazu Genozide (etwa in Tasmanien) systematisch aus seiner Theorie und Empirie aus oder eskamotiert sie, vgl. Bashford und Chaplin (2016, S. 115).

[94] vgl. Huzel (1969); Huzel zeigt auch: „[T]he contention of Malthus and the early nineteenth-century government commissioners that the Poor Laws, and in particular the allowance system, by undermining the preventive check, were a primary cause of population increase, is fundamentally erroneous", ebd., S. 451; an anderer Stelle argumentiert Malthus aber gegen Townsends Vorschlag, dass die Armen sich in „friendly societies" gegenseitig unterstützen sollten, vor allem, weil Townsend dabei Familien mit Kindern bevorzugt behandeln wollte; vgl. ebd., S. 433; Lepenies (2011, S. 104).

[95] Malthus (1803, S. 409).

[96] vgl. Bashford und Chaplin (2016, S. 152 ff.).

[97] zit. nach ebd., S. 163.

verglich Malthus zum Beispiel mit armen Tahitianer*innen. Diese befänden sich „in a state of comparative degradation much below what is known in civilized nations."[98] Arme Inselbewohner*innen stehen damit gleich doppelt im Fokus von Malthus' Überlegungen. Sie bewohnen einen Raum, an dem sich das Bevölkerungsgesetzt besonders evident manifestiere und in diesem Raum nehmen sie eine Randposition ein, auf der sich das Bevölkerungsproblem als erstes Bahn breche. Wenn Malthus' Theorie die Insel an Stelle der Welt einsetzt, dann benutzt sie die armen Insulaner*innen zur Repräsentation von „redundant population" überall auf dieser Welt.[99] Als redundante Bevölkerung deklassiert Malthus jene Menschen, die ihm im Wortsinne überwogend, überflüssig scheinen. Kein Beispiel macht Rand- bzw. Strandposition der Armen in Malthus' Theorie so deutlich, wie folgende Beschreibung der Jäger*innen- und Sammler*innenbevölkerung der Adamanden-Inseln:

> "Every thing that voyagers have related of savage life, is said to fall short of the barbarism of this people. Their whole time is spent in search of food; and as their woods yield them few or no supplies of animals, and but little vegetable diet, their principal occupation is that of climbing the rocks, or *roving along the margin of the sea*, in search of a *precarious meal* of fish, which, during the *tempestuous season*, they often seek for in vain. *Their stature seldom exceeds five feet; their bellies are protuberant, with high shoulders, large heads, and limbs disproportionately slender.* Their countenances exhibit the extreme of wretchedness, a *horrid mixture of famine and ferocity*; and their *extenuated and diseased figures plainly indicate the want of wholesome nourishment. Some of these unhappy beings have been found on the shores in the last stage of famine.*"[100]

Auffällig an diesem Zitat ist nicht nur die rassistische Grundhaltung des englischen Stadientheoretikers, sondern die präzise Lokalisierung der zum Beobachtungsobjekt degradierten Personen. Die laut Malthus von Unter- und Mangelernährung gezeichneten, vorgeblich kleinen, schwachen, kränklichen Körper werden auf der Grenze zwischen Land und Meer positioniert. An der Küste und „at the margin" kommt das Naturgesetz der Bevölkerungstheorie am deutlichsten zur Geltung. Die Adamander*innen leben am Limit des Festlands und verkörpern gerade deswegen das universelle Bevölkerungsgesetz. Indem nicht nur die „marginale[n] Ökonomien" ozeanischer Inseln, sondern zudem deren marginalisierte Bewohner*innen zum Paradigma der Bevölkerungstheorie deformiert, informiert und formalisiert, kurz mythifiziert werden, geschieht, was man mit Anna Echterhölter „Neutralisierung der Ränder" nennen könnte[101]: Randräume und Randständige werden zu den signifikantesten, mitunter natürlichsten Fällen eines universellen Gesetzes geformt. Dieses Gesetz inkorporiert sie, verleibt sie sich ein.

---

[98]Malthus (1803, S. 63).
[99]ebd., S. 74; „redundant" heißt „überflüssig", aber auch „arbeitslos".
[100]ebd., S. 17 f.; Hvg. LH.
[101]Echterhölter (2014, S. 37); Echterhölter bezieht sich allerdings auf die neoklassische Ökonomik.

Karibik und Sklavenhandel

Bashford und Chaplin ist bei ihrer eingehenden Lektüre von Malthus' Texten aufgefallen, dass dieser sich zwar ausführlich mit den Inseln Ozeaniens beschäftigte, eine andere Insellandschaft aus seiner Theorie jedoch ausklammerte: Die karibischen Inseln.[102] Diese Selektion ist umso frappierender, als die Karibik eine wichtige Rolle für die englische Wirtschaft spielte, insbesondere für die Versorgung mit billigen Kalorien, Zucker. Zudem führte der transatlantische Sklavenhandel in betroffenen Regionen zu einer Bevölkerungsentwicklung, die für einen Bevölkerungsökonomen wie Malthus von theoretischem Interesse hätte sein können: Auf den sogenannten Zucker-Inseln verfünf- bis verzehnfachte sich die Bevölkerung infolge der auf Sklav*innenarbeit beruhenden Landwirtschaft, dadurch wurde die indigene Bevölkerung stark zurückgedrängt.[103] Gleichzeitig wurden an der Westküste Afrikas hunderttausende Afrikaner*innen in die Sklaverei verkauft. Sklaverei und Sklavenhandel waren schon in den ersten bevölkerungstheoretischen Texten der frühen Neuzeit thematisiert worden.[104] Erschwerend kommt hinzu, dass die zu Malthus' Zeiten hitzige Debatte um Sklaverei und deren Abschaffung von bevölkerungspolitischen Überlegungen durchdrungen und von umfangreichen Bevölkerungsstatistiken der karibischen Inseln begleitet war.[105] Trotz all dieser Gegebenheiten kommt das Thema bei Malthus kaum vor.[106] Malthus' Theorie umschiffte sowohl die sogenannten ‚West Indies' als auch das Thema Sklavenhandel. Warum ignorierte Malthus das Sinnrepertoire der karibischen Inseln, während er Insel doch sonst zur zentralen Landschaft seiner Theorie bestimmte? Die Autorinnen von „The New Worlds of Thomas Robert Malthus" liefern zwei Erklärungsmöglichkeiten. Zum einen haben Malthus und seine Familie vom karibischen Kolonialismus und Sklavenhandel profitiert.[107] Zum anderen, und wichtiger für die hier behandelte Fragestellung, sind die karibischen Inseln empirische Gegenbeispiele zu seinem Bevölkerungsgesetz.

Malthus' älterer Bruder, Sydenham, heiratete seine Cousine, Marianna Georgina, die von ihrem ersten, verstorbenen Ehemann das Oxford Estate in St. Mary Parish auf Jamaica geerbt hatte, eine circa 4000 Quadratmeter große Zuckerrohrplantage – mit 175 bis 200 Sklav*innen. Thomas Robert selbst verwaltete die Ländereien stellvertretend für seinen Bruder und kümmerte sich nach dessen Tod um die komplizierten Erbschaftsangelegenheiten.[108] Der Bevölkerungstheoretiker hatte über einige Jahre pro Jahr einen

---

[102] vgl. Bashford und Chaplin (2016, S. 171).
[103] vgl. Stinchcombe (2001, S. 10).
[104] vgl. Bashford und Chaplin (2016, S. 175 f.).
[105] vgl. ebd., S. 180.
[106] vgl. aber ebd.
[107] vgl. ebd., S. 183.
[108] vgl. ebd., S. 183 ff.

Anspruch auf 400 Pfund der Plantagenrendite.[109] Vermutlich äußerte sich Malthus wegen dieser familiären und finanziellen Verstrickungen in die karibische Sklaverei nur halbherzig zur Abschaffung des Sklavenhandels, obwohl seine Bevölkerungstheorie von Sklavereibefürwortern instrumentalisiert wurde.[110] Andersherum konnte Malthus' Bevölkerungsgesetz auch deswegen derartig instrumentalisiert werden, weil es dem Text an einer Auseinandersetzung mit dem drängenden Problem des Sklavenhandels und dessen karibischer Fälle mangelte. 1807 wurde der Autor von Sklavereilobbyisten als „Freund des Sklavenhandels" bezeichnet und sah sich erst dadurch genötigt, Stellung gegen diese Falschaussage zu beziehen und sich explizit gegen Sklaverei auszusprechen, aber vor allem, um seinen Ruf zu wahren.[111] Bei seiner Stellungnahme hätte er sich laut Bashford und Chaplin deutlich klarer positionieren können.[112]

Der zweite Grund, warum Malthus die Karibik aus seinen Überlegungen aussparte, hängt mit dem Inselmythos zusammen. Die karibischen Inseln widersprechen dem Topos der Insel als Allegorie einer Welt, auf der das Bevölkerungsgesetz gilt. Sie gefährden die Evidenz des Inselparadigmas. Zudem zeigen die Bevölkerungsdaten aus der Karibik eine, wie Malthus es nennen muss, Ausnahme vom vermeintlich universellen Bevölkerungsgesetz und können nur mit Mühe in die Theorie inkludiert werden.[113] Dies konzediert Malthus, so nachträglich wie nachlässig, in der letzten Fußnote im Anhang der dritten Ausgabe seines Essays:

> „[I]t appears, in the Essay on the Principle of Population, that so great is the tendency of mankind to increase, that nothing but some physical or moral check operating in an *excessive* an *unusual* degree, can permanently keep the population of a country below the average means of subsistence. In the *West India islands* a constant recruit of labouring negroes is necessary; consequently the immediate checks to population must operate with *excessive* an *unusual* force. [...] The whole effect [...] is to be attributed to the *excessive* and *unusual* action of vice and misery [...] the condition of the slaves in the West Indies [...] is most wretched, and [...] the representations of the friends of the abolition cannot easily be exaggerated."[114]

Die Natürlichkeit und Selbstverständlichkeit des Bevölkerungsgesetzes bauen auf den Inselmythos. In dem Moment, in dem dieser entpolitisierte Mythos repolitisiert wird, geraten sie ins Schwimmen. Das entscheidende von Malthus' Argumenten gegen die

---

[109]vgl. UCL Department of History (2018).
[110]vgl. Bashford und Chaplin (2016, S. 186 f.).
[111]vgl. ebd., S. 173, 188.
[112]vgl. ebd., S. 200.
[113]vgl. ebd., S. 190.
[114]Malthus (1806, S. 556 f); Hvg. von „West India islands", LH; alle anderen Hvg. i. O.; Bashford und Chaplin bemerken zu Malthus' Nachschub zu Recht: „It is an important supplement to the Essay, precisely because the West Indian colonies were nowhere else treated, and yet its addon status betrays avoidance as much as afterthought." (2016, S. 189).

Sklaverei stellt das Bevölkerungsgesetz zwar nicht in Abrede, wendet aber ein evidentes Inselbeispiel gegen es ein. Wegen der Einbindung der Karibik ins Netzwerk des transatlantischen Sklavenhandels taugt der Inseltopos nicht mehr so uneingeschränkt, wie zuvor suggeriert, als Paradigma des Bevölkerungsgesetzes. Die negative Bevölkerungsentwicklung der karibischen Inseln ist nicht *isoliert* zu betrachten, sie weicht vom Bevölkerungsgesetz *außergewöhnlich* und *exzessiv* ab und entspricht nicht „exactly what we should suppose from theory". Im bereits besprochenen Kapitel über die Inseln der Südsee findet sich ein weiterer Hinweis darauf, dass Malthus bei der Auswahl von empirischen Daten die Inseln der Karibik und die Sklaverei vermeidet, um eine für die Evidenzproduktion seiner Theorie hilfreiche Insellandschaft zu konstruieren und stabilisieren. Malthus erwähnt in diesem Kapitel die auf Tahiti wachsenden Brotfrüchte.[115] Aus den Berichten Bougainvilles, der Cook-Expedition oder von der berühmten Meuterei auf der Bounty dürfte Malthus gewusst haben, dass die Brotfrüchte zur Versorgung von Sklav*innen in die Karibik exportiert wurden.[116] Die Aussicht auf diese Versorgungsmöglichkeit der karibischen Plantagenökonomien war mitunter die entscheidende Begründung für die Kolonisierung pazifischer Inseln.[117] Mit ihnen rechnete das imperiale Kalkül schon früh als reiche Nahrungsmittelquellen für den Export. 1793 gelang unter Kapitän William Bligh der Transfer und letztendlich die Transplantation von Brotfruchtbäumen von Tahiti, Malthus' Landschaft der Theorie, nach Jamaica, Malthus' privatökonomischer Landschaft. Tahiti und andere „Islands of the South Sea" waren also schon seit ihrer ‚Entdeckung' eng mit dem Nexus des transatlantischen Sklavenhandels verwoben.[118] Auch dadurch, dass Malthus diesen Zusammenhang verschweigt, gewinnt Tahiti als Repräsentantin des Bevölkerungsgesetzes Plastizität.

---

[115] Malthus (1803, S. 61).
[116] vgl. Bashford und Chaplin (2016, S. 66, 151); DeLoughrey (2007, S. 10); Mayer-Schwieger (2017, S. 148, 152 ff.).
[117] Dass Unterversorgung ein vorgeschobener Grund war, um von schwerwiegenderen Gründen für die hohe Sklav*innensterblichkeit abzulenken (Misshandlung, Überlastung), zeigt DeLoughrey (2007, S. 12).
[118] vgl. DeLoughrey (2007), die auch mit einem impliziten Hinweis auf die Inselepistemologie erwähnt, dass auf Inseln die Auswirkungen des Sklavenhandels auf Menschen und Ökologie deutlicher sichtbar waren, als auf den Kontinenten; vgl. ebd., S. 4.

Johann Heinrich von Thünens „Isolierter Staat" 6

Malthus' Bevölkerungsprinzip, Townsends Abhandlung über die Armengesetze und Defoes Robinson Crusoe wurden in der kulturwissenschaftlichen Theoriegeschichte der Ökonomik ausführlich erforscht und kritisiert. In der vorliegenden Arbeit war manchmal nicht mehr als eine Akzentverschiebung der Lektüre von Primär- und Sekundärliteratur vonnöten, um die Ästhetik der Insel in den Blick zu bekommen und ihre Funktionen zu verstehen. Das Werk Johann Heinrich von Thünens hingegen ist kulturwissenschaftlich bisher kaum und sein Bezug zum Inselmythos überhaupt nicht erforscht.[1] Dabei hatten die Ideen des norddeutschen Landwirts nachweislich bedeutenden Einfluss auf so unterschiedliche Felder wie die neoklassische Ökonomik, die Wirtschaftsgeographie und die Raumpolitik des Nationalsozialismus, sowie die Stadtsoziologie der Chicago School.[2] In der Ökonomik wird Thünen für seine elaborierten mathematischen Modelle verehrt und für seine reformerische Idee des naturgemäßen Arbeitslohns kritisiert.[3] In seinem Hauptwerk „Der Isolierte Staat in Beziehung auf Landwirtschaft und Nationalökonomie",[4] der ersten Publikation der Ökonomik mit einer Inselmetapher im Titel, gebraucht Thünen Inselformen in zwei Funktionen. Zum einen verortet er seinen Gründungsmythos der Wirtschaft auf einer Insel. Zum anderen markiert die Form der Insel die wesentlichen ästhetischen Konturen für Thünens Modell des isolierten Staates. Zwischen Tahiti im Pazifik und Tellow an der Ostsee verleiht Thünen seiner Vorstellung von Wirtschaft Inselformen, die im Folgenden kartographiert werden sollen.

---

[1] vgl. lediglich Köster (2005, S. 34 f.).
[2] vgl. Samuelson (2014); Fujita et al. (2014, Kap. 2); Kegler (2009); Köster (2005, S. 34 f.); Owens (2012, S. 269–273).
[3] vgl. Kurz (2008, S. 156); Samuelson (2014, S. 197); Stavenhagen (1969, S. 110).
[4] Thünen (1910).

Insulare Ursprünge des Kapitals

Im Abschnitt über die „Bildung des Kapitals durch Arbeit" findet sich Thünens Darstellung von ursprünglicher Akkumulation. Die Darstellung greift auf stadientheoretische Überlegungen zurück. Deren erstes Stadium situiert Thünen auf einer tropischen Insel, ähnlich wie sein nach eigener Auskunft „Lehrer [in der Nationalökonomie]" Adam Smith, den Thünen aber nie kennengelernt hat, und wie es Rousseau in seine Lesart von Robinson Crusoe impliziert hatte.[5] Mithilfe dieser Landschaft der Theorie führt Thünen seinen Leser*innen „die einfachsten Zustände vor Augen", dort verortet er den Ursprung des Kapitals.[6]

Thünen schlägt ein Gedankenexperiment vor: „Wir denken uns ein mit allen Fähigkeiten, Kenntnissen und Geschicklichkeiten der zivilisierten europäischen Nationen ausgerüstetes Volk nach einem Tropenlande versetzt, welches aber kein Kapital, also auch keine Werkzeuge besitzt, und fragen, wie sich hier bei gleichbleibender Intelligenz des Volks die Kapitalbildung gestaltet."[7] Gewissermaßen bietet Thünen zur Erläuterung der Kapitalentstehung die Robinsonade eines ganzen Volkes dar, das ohne vorherigen Schiffbruch und folglich ohne Überbleibsel und materielle Voraussetzungen, in einer fernen Gegend landet.[8] Damit schließt Thünen aus, dass das Volk auf Kapital aus der Vergangenheit zurückgreifen kann. Da diese Landschaft, in die die Theorie das hypothetische Volk versetzt, obendrein von der Außenwelt isoliert sei, könne Kapital dem System auch nicht von außerhalb zukommen: „Dieses Volk steht mit anderen Nationen in keinem Handelsverkehr, ist von der übrigen Welt getrennt, und die Kapitalbildung geht *von innen heraus* ohne einen äußeren Einfluß vor sich."[9]

Die vorhandene „Intelligenz" dieses Volkes, die „Kenntnisse" von Erfindungen und Entdeckungen, d. h. das Wissen der Zivilisation zählt Thünen indes nicht zum Kapital. In der Situation, in die Thünen sich, seine Leser*innen und sein Versuchsobjekt versetzt, kann das Wissen konstant auf „europäischem" Niveau gehalten werden, während das Kapital einzig und allein in Abhängigkeit von der Arbeit variiert. Die Variation und „Entwicklung" des menschlichen Wissens gehört für Thünen hingegen der „Kulturgeschichte" an.[10] Diese klammert er aus beziehungsweise setzt sie voraus, um den Ablauf der ursprünglichen Akkumulation beschleunigt und somit evidenter darstellen zu können.[11] Auch Thünens Robinsonade zeitigt keinen Anfang aus dem Nichts.

---

[5]ebd., S. 401; vgl. Smith (1982, S. 459).
[6]vgl. Thünen (1910, S. 487).
[7]ebd., S. 486.
[8]Merkmale eines Robinson-Individuums finden sich in Thünens „erste[m] Kultivator einer wilden und bisher öden Gegend"; ebd., S. 108.
[9]ebd., S. 487; Hvg. LH.
[10]ebd., S. 486.
[11]vgl. ebd.

Europäische und tropische Topologie

Neben der isolierten Lage ist vor allem die tropische Topologie der Inselform entscheidend für ihre Funktion in der Theorie. Thünen vergleicht die Bedingungen des europäischen Klimas mit denen auf der tropischen Insel. Mit Blick auf Europa erscheint der zeitliche Zusammenhang von Arbeit und Kapital Paradox – „ein[...] Zirkelschluß, [...] ein[...] unlöslich scheinende[r] Widerspruch".[12] Am Beispiel Europas falle es schwer, einen Urzustand der ursprünglichen Kapitalakkumulation zu imaginieren. Denn in Europa benötige die ursprüngliche Akkumulation bereits Kapital:

> „Es muß also das Kapital dem Menschen vorangehen, wenn dieser überhaupt nur subsistieren soll. Dieser Zustand ist aber der durch ganz Europa herrschende; denn selbst in unsern mildesten Himmelsstrichen, im Süden von Italien und Griechenland, müßte ein Volk ohne alles Kapital, d. i. ohne Kleidung, Wohnung, Gerätschaften usw. elend umkommen."[13]

In Europa sei Kapital als Subsistenzbedingung „aber nicht von Uranfang dagewesen, sondern entstanden aus der Arbeit von Menschen, die noch kein Kapital besaßen".[14] Kapital ist in Thünens Theorie einerseits ein Resultat von Arbeit, ein „Arbeitsprodukt". Andererseits können aber auch die „Subsistenzmittel" als Kapital und Kapital damit als eine logische und mathematische Voraussetzung für Arbeit angesehen werden.[15] Thünen formuliert diesen Zusammenhang von Arbeit und Kapital wie folgt: „Kapital und Arbeit sind also wesentlich eins, nur in der Zeitfolge verschieden, wie Vergangenheit und Gegenwart."[16] In dieser Zeitfolge aber, darin liegt die Paradoxie, geht Kapital nicht nur immer schon Arbeit, sondern Arbeit auch immer Kapital voraus. Woher aber kann das Kapital ohne Arbeit kommen, dessen die Arbeit ohne Kapital doch bedarf? Wie lässt sich der Widerspruch auflösen, wie sich Licht ins „Dunkel" an dem Punkt bringen, an dem das Kapital aus Arbeit gleich „Null" ist?[17] In Europa findet Thünen auf diese Fragen keine Antwort. Es scheint als Topos der Kapitalentstehungstheorie ungeeignet. Deswegen rückt Thünen die Theorie spekulativ ins Licht der tropischen Sonne.

Historisch und mythologisch auffallend ist, dass Thünen als Beispiel für das Tropenland, in dem die Menschheit ohne Kapital im Urzustand hätte überleben können, explizit Tahiti nennt. (s. o., Kap. 5) Tahiti repräsentiert bei Thünen ein Gegenbild Europas. Dahin gehend ähnelt Thünens Tahiti dem Tahiti-Mythos im Gefolge Bougainvilles und Commersons. Die pazifische Insel dient als konkrete, empirisch scheinbar verbürgte, Form jenes tropisch-insularen Naturzustands, in dem „die vorsorgende Natur eine Fülle

---

[12] ebd., S. 509.
[13] ebd.
[14] ebd.
[15] ebd., S. 476 f., 488.
[16] ebd., S. 423.
[17] ebd., S. 510.

von wildwachsenden Gewächsen hervorgebracht hätte, deren Früchte dem Menschen zum Lebensunterhalt dienen."[18] „Ohne Zutun der Menschen", und das heißt ohne Arbeit, bringe das Tropenland Tahitis seine Brotfrüchte hervor.[19] Thünen wird nicht müde, zu betonen, dass „[n]ur in solchen Gegenden der Erde", die die ersten Menschen ohne Kapital- und Arbeitseinsatz versorgten, „das Menschengeschlecht seinen Ursprung nehmen [konnte]".[20]

Die tropische, quasi „paradiesische[…]" Topologie der Insel bietet die notwendigen alimentären und klimatischen Voraussetzungen für die theoretische Erklärung eines Urzustands, in dem ein Überleben ohne Hilfsmittel in Form von Kapital möglich ist.[21] Die Insellandschaft der Theorie dient in dieser Form, mit einem Begriff Niklas Luhmanns, der „Entparadoxierung" von Thünens Ursprungskonstruktion.[22] Um die Paradoxie der ursprünglichen Akkumulation unsichtbar zu machen, verortet Thünen den Ursprung des Kapitals nicht nur in „einem andern Weltteil", sondern nach seiner Einschätzung in „einer andern Welt".[23] Örtlich und zeitlich entlegen herrschen dort, vermöge der Natur, andere ökonomische Gesetze. Die Insel als Topos des Urzustands bildet den fundamentalen Ausnahmefall einer Ökonomie ohne Kapital, die für die Gesetze der Ökonomik unerklärlich ist, obwohl, oder besser, weil sie diesen konstitutiv vorausgeht. Die Insel fungiert als „Schauplatz" des Ursprungs der Wirtschaft.[24] Thünen naturalisiert die Situation der ursprünglichen Akkumulation. Am Nullpunkt des Kapitals kommt die Natur zum Einsatz, die unter dem Namen Tahiti auf der mythischen Landkarte firmiert. Thünen bringt die freigiebige Natur der Insel anstatt des Kapitals in Stellung, um Kapitalbildung vorstellbar zu machen.

Bei seiner Konfiguration der Landschaft lässt Thünen die geologische Heterogenität Tahitis ebenso außer Acht, wie die schon von Malthus erwähnte hierarchische Gesellschaftsstruktur der Insel.[25] Thünen neutralisiert und homogenisiert das Sinnrepertoire der Insel zugunsten der theoretischen Annahme „daß das […] Land überall von gleicher Fruchtbarkeit und zugleich so ausgedehnt ist, daß jeder Bewohner Land umsonst in Besitz nehmen kann. Unter diesem Volk, welches kein Kapital besitzt, und wo der Grund und Boden keinen Tauschwert hat, findet auch kein Verhältnis von Herren und Dienern statt; jeder ohne Unterschied ist Arbeiter und muß durch Arbeit sich seinen Unterhalt erwerben."[26] Dieser homogene Zustand dient Thünen als Ausgangspunkt für

---

[18] ebd., S. 484; Thünen bezieht sich dort auf Georg Adolph Suckows „Ökonomische Botanik".
[19] ebd., S. 486; vgl. S. 484 ff.
[20] ebd., S. 512.
[21] ebd., S. 510.
[22] Luhmann (1987).
[23] Thünen (1910, S. 511).
[24] ebd., S. 488. 511.
[25] vgl. Malthus (1803, S. 56).
[26] Thünen (1910, S. 487).

die Darstellung seiner Vorstellung des dann folgenden Prozesses der Kapitalbildung, der auch als konjekturale Stadientheorie der Zivilisationsentwicklung gelesen werden kann.

Deren Chronologie stellt Thünen wie folgt dar:[27] Auf die im Urzustand von der Natur alimentierte Arbeit folge die allmähliche Kapitalbildung, irgendwann etablierten sich erste Formen von Arbeitsteilung, diese Entwicklungen zögen Bevölkerungszuwachs nach sich, so „daß der Raum beengt wird, indem aller fruchtbare Boden das Eigentum einzelner geworden ist".[28] Auf einer Insel ist dieser Punkt vergleichsweise früh zu beobachten, wie Malthus und Townsend bereits vor Thünen nahelegten. Das wird auch an Thünens Vergleich der Insel England mit dem Kontinent Nordamerika deutlich, den schon Malthus in ähnlicher Weise bemüht hatte: „England ist ein schon seit Jahrhunderten hochkultiviertes Land, während Nordamerika erst kurze Zeit von zivilisierten Völkern bewohnt wird, dasselbe noch große Strecken fruchtbaren aber unbebauten Bodens besitzt, die eine weite und nützliche Anwendung des Kapitals gestatten".[29] Der Vergleich zeigt auch, dass Thünen vom Prinzip abnehmender Grenzerträge ausgeht und dass dieses Prinzip in den Grenzen der Insel besonders sichtbar hervortritt. In Folge der Überbevölkerung beziehungsweise der Bodenknappheit wandere ein Teil der Bevölkerung aus und nehme einen Teil des erarbeiteten Kapitals mit. Die mit Kapital ausgestattete Bevölkerung siedele in zuvor „unwirtbaren Gegenden, wo selbst die so wenig bedürfenden Wilden nicht leben können, die also an sich [d. h. ohne Kapital, Anm. LH] unbewohnbar sind".[30] Daraufhin wiederhole sich dieser Prozess mit mehr Kapital. Auf diese Weise wurde Thünen zufolge irgendwann auch Europa besiedelt und erschlossen. Das Kapital, das für weitere Kapitalbildung in Europa ursprünglich nötig gewesen sei, könne also nicht in Europa entstanden sein, sondern müsse auf tropische Landschaften zurückgehen, „wo andere Gesetze der Kapitalbildung herrschen als hier. Das ursprüngliche Kapital in Europa ist ein eingewandertes und folgt nicht den Gesetzen, die wir von unserm Standpunkt aus überblicken."[31] Vom Standpunkt der Insel aber scheint ein Überblick möglich. Doch Thünens Standpunkt gibt, trotz des Verweises auf die europäische Kolonisierung Nordamerikas, den Blick nicht frei auf die historische Tatsache, dass kapitalreiche Auswander*innen keineswegs ausschließlich unbewohnte, unwirtliche Gegenden besiedeln. Häufiger und viel schwerwiegender verdrängte der Kolonialismus mit weniger Kapital ausgestattete Menschen. Diese Bereinigung des Inselmodells von konkreten historischen und politischen Faktoren hat Methode.

---

[27] Zur Temporalisierung räumlicher Ordnung im Fortschrittsnarrativ der europäischen Moderne, insb. zum Projekt „spacializing the story of modernity", vgl. Massey (1999, S. 31).

[28] Thünen (1910, S. 510).

[29] ebd., S. 468.

[30] ebd., S. 510.

[31] ebd., S. 511.

Isolierende Abstraktion

Thünens Stadientheorie der Kapitalbildung folgt einem methodischen Ideal, das später als „isolierende Abstraktion" bezeichnet wurde.[32] Eine frühe wirtschaftshistorische Einschätzung attestiert Thünens Methode gar „größte[...] Bedeutung für die Geschichte der Wissenschaft".[33] Und auch Thünen selbst bezeichnet „diese Form der Anschauung" als „das Wichtigste in dieser ganzen Schrift".[34] Er erläutert die Methode, die nichts anderes ist als eine analytische *Ceteris-Paribus*-Reduktion, folgendermaßen: „Diese Geistesoperation ist analog dem Verfahren, welches wir bei allen Versuchen in der Physik wie in der Landwirtschaft anwenden, wo wir nämlich nur die eine zu erfassende Potenz quantitativ steigern, alle übrigen Momente aber unverändert lassen".[35] In Anlehnung an physikalische Laborexperimente konfiguriert Thünen den Inselraum als geschlossenen Laborraum für sein Gedankenexperiment zur ursprünglichen Akkumulation. Ausgehend von Daten, die er auf seinem Landgut Tellow bei Rostock erhoben hat,[36] und mit dem Anspruch, die Ergebnisse zum „allgemeine[n] Gesetz" mit „an Ort und Zeit nicht gebundene[r] Gültigkeit" zu abstrahieren,[37] formt Thünens Methode auch die zweite Insel seiner Theorie: den isolierten Staat.

Topologie und Topographie des isolierten Staates

Ein zweites Mal versetzt Thünen seine Leser*innen gedanklich in einen isolierten Raum:

> „Man denke sich eine sehr große Stadt in der Mitte einer fruchtbaren Ebene gelegen, die von keinem schiffbaren Flusse oder Kanale durchströmt wird. Die Ebene selbst bestehe aus einem durchaus gleichen Boden, der überall der Kultur fähig ist. In großer Entfernung von der Stadt endige sich die Ebene in eine unkultivierte Wildnis, wodurch dieser Staat von der übrigen Welt gänzlich getrennt wird. Die Ebene enthalte weiter keine Städte, als die eine große Stadt, und diese muß also alle Produkte des Kunstfleißes für das Land liefern, so wie die Stadt einzig von der sie umgebenden Landfläche mit Lebensmitteln versorgt werden kann."[38]

---

[32]Stavenhagen (1969, S. 106 ff.).
[33]Roscher (1874, S. 881).
[34]Thünen (1910, S. 4).
[35]ebd., S. 405.
[36]vgl. ebd., S. 16, 264.
[37]ebd., S. 47 f.
[38]ebd., S. 11.

Topologie und Topographie des isolierten Staates

Die „Gestaltung des isolierten Staates" sieht eine insulare Landschaft vor, deren Bodenbeschaffenheit homogen ist.[39] Nach außen ist die kultivierte Landschaft nicht von Wasser, sondern von unkultivierter, aber prinzipiell kultivierbarer Wildnis umgeben.[40] Intern ist der isolierte Staat in eine „Zentralstadt", auf deren „Marktplatz" Handel getrieben wird, und die sie umgebenen Landwirtschaftsflächen unterteilt.[41]

Ludwig Joseph Brentano erklärt die epistemologische Funktion des Isolierten Staats in Analogie zu einer naturwissenschaftlichen Versuchsanordnung im Labor als einen „Apparat zur Beobachtung der ökonomischen Kräfte wie der leere Raum zur Beobachtung physischer Kräfte".[42] So reformuliert Brentano den Zweck der thünenschen Landschaft der Theorie, indem er eine epistemische Verwandtschaft von isolierter Insel- und evakuierter Experimentalanordnung im Labor andeutet. Aller Wahrscheinlichkeit nach kannte Brentano Thünens eigene Erläuterungen zur durchaus ästhetischen Funktion seiner inselhaften „Form der Anschauung":[43] „Der isolierte Staat ist bei dieser ganz auf der Wirklichkeit beruhenden Untersuchung nur eine bildliche Darstellung, eine Form, die den Überblick erleichtert und erweitert".[44] Dass der isolierte Staat gerade deswegen überzeuge, weil er ein auf ihr wesentliches reduziertes Bild der Wirtschaft zeichne, legt auch der Kommentar „eines Freundes" nahe, den Thünen in einer Fußnote zitiert. Der isolierte Staat sei

> „[e]in Spiegel, den die Theorie hinstellt, um in ihm die verworrenen und sich kreuzenden Linien der Erscheinung, in reiner Perspektive sichtbar werden zu lassen. Eine Form, mit der wir den Brennpunkt der Erscheinung meinen getroffen zu haben, so daß wir fast analytisch daraus die einzelnen vereinigten Richtungen entwickeln können, indem wir zugleich durch eine geistige Synthesis das Ganze naturgemäß erbauen.'"[45]

Passend zur Betonung der visuellen Form des isolierten Staates finden sich am Ende des ersten Bandes von Thünens Opus Magnum verschiedene bildliche Darstellungen (Abb. 6.1).[46] Der Marktplatz der Stadt bildet, wie die Bilder vor Augen führen, den Mittelpunkt von Thünens Wirtschaft. Die Entfernung zum Marktplatz ist die zentrale Variable in Thünens Modell. Aufgrund seiner zentripetalen Wirkung bestimmt der Marktplatz die wirtschaftlichen Verhältnisse im isolierten Staat. Darum ist schon bald nicht mehr vom konkreten Marktplatz, sondern vom abstrakten Raum „Markt" die

---

[39]ebd.

[40]ebd., S. 406.

[41]ebd., S. 15.

[42]Ludwig Joseph Brentanos Dissertation „Über J.H. von Thünen's naturgemässen Lohn und Zinsfuss in isolirten Staate", zit. nach Stavenhagen (1969, S. 107).

[43]Thünen (1910, S. 4).

[44]ebd., S. 30 f.

[45]Anm. ebd., S. 31.

[46]vgl. ebd., S. 386–390.

Rede, dessen Gesetze die Preisverhältnisse der Wirtschaft determinieren.[47] „Der Landwirt des isolierten Staates", Thünens eigennutzenmaximierender, ‚rationaler' *homo oeconomicus*, „der seinen *Standpunkt* richtig erkennt, damit auch zugleich die Erkenntnis dessen, was er zu tun hat, besitzt", muss nur den räumlichen Gesetzen des Marktes folgen, um gleichzeitig mit seinem individuellen Ziel auch die von diesen Gesetzen vorgesehen Ordnung des Raumes zu verwirklicht.[48] Mit unsichtbarer Anspielung auf Adam Smiths berüchtigte Metapher der *invisible hand* konstatiert Thünen: „Während der Mensch nur seinen eigenen Vorteil zu verfolgen wähnt, ist er das Werkzeug in der Hand einer höheren Macht und arbeitet, ihm selbst oft unbewußt, an dem großen und künstlichen Bau des Staates und der bürgerlichen Gesellschaft".[49] (Abb. 6.1)

Thünen geht davon aus, dass, wo die Rationalität des Raumes realisiert wird, schwere und voluminöse Landwirtschaftsprodukte mit hohen Transportkosten näher an der Stadt angebaut und einfacher zu transportierende Güter in größerer Entfernung produziert werden. Seine These ist deswegen, dass „sich um die Stadt ziemlich scharf geschiedene konzentrische Kreise bilden, in welchen diese oder jene Gewächse das Haupterzeugnis ausmachen."[50] Die unterschiedlichen Kreise repräsentieren „ganz verschiedene Wirtschaftssysteme".[51] Die Kreisform der Darstellung und ihre Unterteilung in Ringe schließen an eine ikonographisch-ikonologische Tradition des Inselmythos an, die die Insel als geschlossene oder schließbare, geordnete und intern differenzierte, mithin ideale Welt verbildlicht.[52] Thünen unterteilt die Ökonomie der Landschaft in sieben sogenannte „Thünensche Ringe".[53] In direkter Umgebung der Stadt sei die „freie Wirtschaft" angesiedelt, deren „Gärten" leicht verderbliches Obst, Gemüse und Milch hervorbrächten, sowie Heu und Stroh, das zwar leicht zu transportieren, aber in den anderen „Wirtschaftssystemen" unentbehrlich sei.[54] Weil die freie Wirtschaft Dünger als Kapital aus der Stadt beziehe, würden auf relativ engem Raum relativ hohe Erträge erzielt. Die Gärten seien umgeben vom Wald der Forstwirtschaft, aus dem Holzkohle, Brenn-, Bau- und Nutzholz eine relativ kurze Transportstrecke in die Stadt zurücklegen müssten. Weil beim Holz die Transportkosten stärker ins Gewicht fielen als bei allen anderen Gütern, lohne sich der Holzanbau in der Nähe der Stadt, obwohl der Boden auch große Erträge aus dem Getreideanbau brächte. Für Thünens Berechnungen spielt also auch immer der Vergleich der Güter

---

[47]vgl. ebd., S. 37; vgl. Köster (2005, S. 35).
[48]Thünen (1910, S. 324); Hvg. LH; zu Thünens Konzept des ökonomischen Menschen vgl. Fischer (2002).
[49]Thünen (1910, S. 324); vgl. Fischer (2002, S. 233).
[50]Thünen (1910, S. 12).
[51]ebd.
[52]vgl. u. a. Robinsons Burg (s. o. Kap. 3), Baldacchino (2005).
[53]Kurz (2008, S. 148).
[54]Thünen (1910, S. 12 f.).

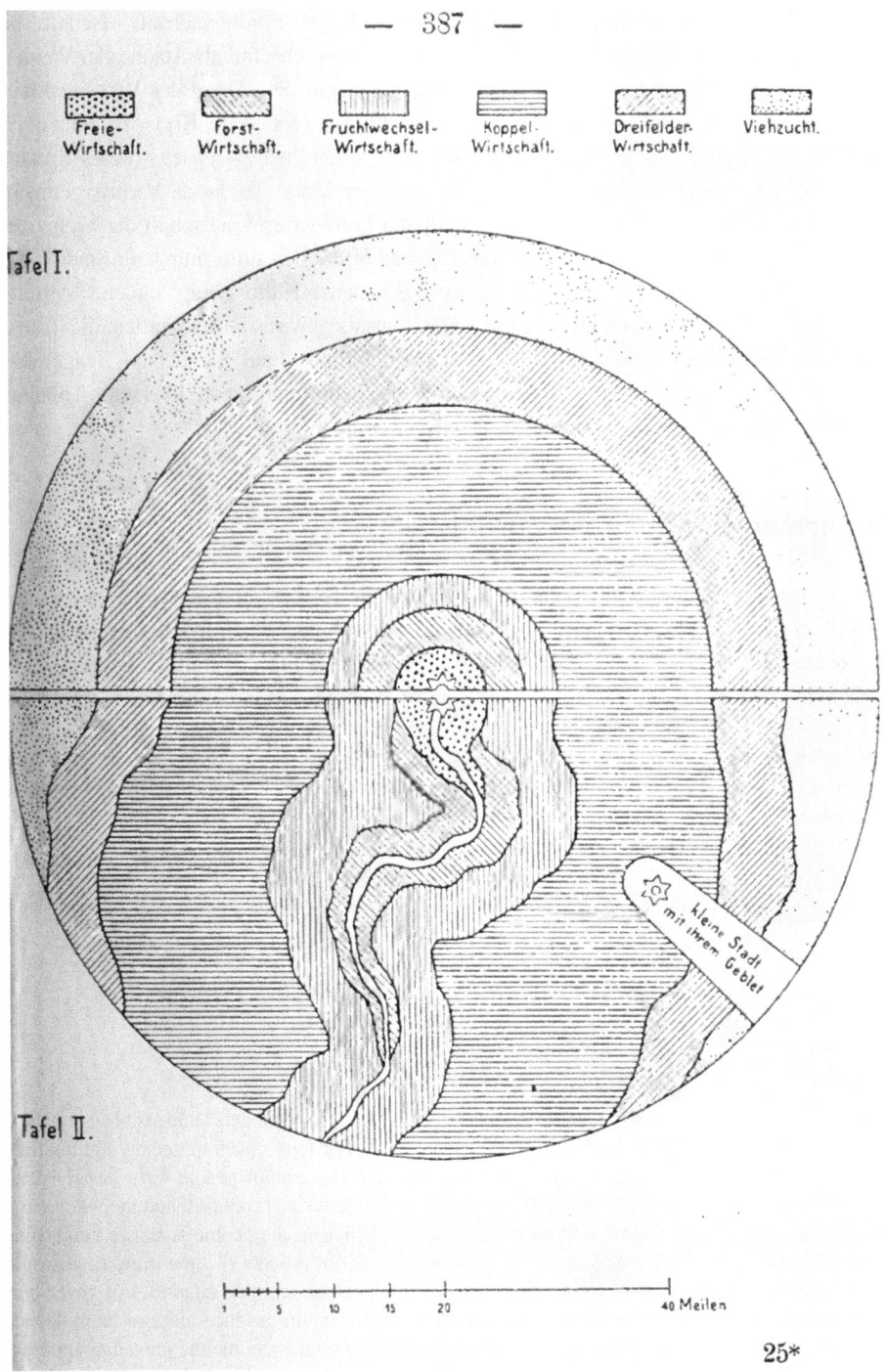

Abb. 6.1 Thünens Diagramm des isolierten Staates. In: Johann Heinrich von Thünen (1910): Der Isolierte Staat in Beziehung auf Landwirtschaft und Nationalökonomie, Jena. Dort: 387

eine Rolle.⁵⁵ Hinter dem Wald erstrecken sich die Felder der Fruchtwechselwirtschaft, die nie brachlägen.⁵⁶ Im nächsten Kreis würden die Felder abwechselnd als Äcker oder Weiden genutzt. Bei dieser Koppelwirtschaft würden die Äcker mit dem Dung des Viehs gedüngt und die Tiere mit einem Teil der Feldfrüchte gefüttert.⁵⁷ Der letzte Kreis, in dem noch Korn produziert wird, ist der Dreifelderwirtschaft zugeschrieben.⁵⁸ Jenseits dieses Kreises könne mit der Kornproduktion beim Verkauf auf dem Markt nur noch Verlust gemacht werden. Deswegen sei der letzte Kreis innerhalb der kultivierten Landschaft der Viehzucht gewidmet.⁵⁹ Hinter diesem Kreis liege dann, in exakt 50 Meilen Entfernung zur Stadt,⁶⁰ die „absolute Grenze der Kultur".⁶¹ Hier müsse auch der „letzte Kulturzweig" enden.⁶² Abseits dieser Grenze könne zwar mit minimalem Kapitaleinsatz gewirtschaftet werden, die Transportkosten überstiegen jedoch den Marktpreis in der Stadt. Paul Samuelson, Träger des Preises für Wirtschaftswissenschaften der schwedischen Reichsbank, übersetzt Thünens Grenze der Kultur als „endogenously determined external margin".⁶³

Chronotopologie des isolierten Staates

Im Entwurf der topologischen und topographischen Hierarchie des isolierten Staates spiegelt sich zudem der Fortgang von Thünens chronologischer Entwicklungsgeschichte der menschlichen Zivilisation. Die thünenschen Ringe weisen auffällige Parallelen zu Stadientheorien der Ökonomik auf.⁶⁴ Kultur und verschiedene Grade der Kultiviertheit im

---

⁵⁵vgl. ebd., S. 176 f.; heute würde man von Opportunitätskosten und komparativen Kostenvorteilen sprechen.
⁵⁶vgl. ebd., S. 222.
⁵⁷vgl. ebd., S. 224.
⁵⁸vgl. ebd., S. 225.
⁵⁹vgl. ebd., S. 231.
⁶⁰vgl. ebd., S. 242.
⁶¹ebd., S. 231.
⁶²ebd., S. 261.
⁶³Samuelson (2014, S. 198).
⁶⁴In der Tat erinnern Form und Inhalt der stadientheoretischen Überlegungen Thünens bis in einzelne Details denen Smiths, hier in der Orthographie von 1766: „The four stages of society are hunting, pasturage, farming, and commerce. If a number of persons were shipwrecked on a desart island their first sustenance would be from the fruits which the soil naturaly produced, and the wild beasts which they could kill. As these could not at all times be sufficient, they come at last to tame some of the wild beasts that they might always have them at hand. In process of time even these would not be sufficient, and as they saw the earth naturally produce considerable quantities of vegetables of it's own accord they would think of cultivating it so that it might produce more of them. Hence agriculture, which requires a good deal of refinement before it could become the prevailing employment of a country. [...] The age of commerce naturaly succeeds that of agriculture. As men could now confine them selves to one species of labour, they would naturaly exchange the surplus of their own commodity for that of another of which they stood in need." Smith (1982, S. 459).

engeren, landwirtschaftlichen Sinne dienen Thünen zugleich als Indikatoren für den Stand der Kultur im weiteren Sinne von „Zivilisation".[65] Thünen reduziert Kultur hier auf ihre etymologischen Wurzeln.[66] Ein zweites Mal verbindet Thünen in seiner Theorie stadientheoretische Vorstellungen und Begriffe mit der Form der Insel. Die Stadt im Zentrum des Staates, und damit im Mittelpunkt der ganzen Welt, die der isolierte Staat kennt, steht für den Handel, das höchste der vier anhand der jeweils dominierenden Wirtschaftsform unterschiedenen Entwicklungsstadien der Zivilisation. Die nächsten fünf Ringe unterteilen das Stadium des Ackerbaus in fünf Wirtschaftssysteme. Mit dem Kreis der Viehzucht ist zugleich das letzte ‚zivilisierte' Stadium benannt. In der Wildnis siedelt Thünen die Wirtschaftsformen des Jagens und Sammelns an und verweist sie somit in einen Raum außerhalb der Zivilisation.

Der isolierte Staat bildet einen „Chronotopos", denn er „stellt in Hinsicht des Ackerbaues zugleich das Bild eines und desselben Staates in verschiedenen Jahrhunderten dar".[67] Die räumlich weiter entfernten und deswegen vermeintlich weniger entwickelten Gegenden, in denen Jagd und Viehzucht betrieben werden, werden auch in der Chronologie der Stadientheorie historisch früher eingeordnet: „In den frühesten Zeiten waren Jagd und Viehzucht wahrscheinlich die einzigen Quellen der Ernährung."[68] Die Marktstadt im Mittelpunkt stellt den teleologischen Endpunkt der ökonomischen Menschheitsgeschichte dar.[69] Der Markt vereinnahmt und vereinheitlicht damit nicht nur die Ordnung des Raumes, sondern auch die Ordnung der Zeit. In Thünens Modell steht keinem der Kreise um die Stadt eine Eigenzeitlichkeit zu, sie müssen sich dem Monopol der Marktzeit unterordnen.

Thünen imaginiert die Beschreibung seines Modells als Reise durch die räumliche und zeitliche Landschaft des isolierten Staates. Die Reise in die Ferne verspricht zugleich die Zeitreise in eine primitive Vergangenheit, ganz ähnlich wie Johannes Fabian es für die ethnologische Faszination gegenüber dem Zeitreiseversprechen von Reiseberichten und Distanzerfahrungen demonstriert hat.[70] Die zeitliche Ordnung des Raums erhält als Reiseerfahrung noch mehr den Anschein einer natürlichen Gegebenheit:

„Ein Reisender, der den isolierten Staat durchreiste, würde in wenig Tagen alle jetzt bekannten Wirtschaftssysteme praktisch angewandt erblicken. Die regelmäßige Folge, worin er die verschiedenen Wirtschaftssysteme nacheinander wahrnähme, würde ihn vor dem Irrtum bewahren, als läge es nur an der Unkenntnis der Landwirte, daß die Kultur der

---

[65] Zu diesem semantischen Spektrum und der Geschichte des Kulturbegriffs vgl. Böhme (1996, S. 51 f.).

[66] vgl. Koritz und Koritz (1999, S. 346).

[67] Thünen (1910, S. 263).

[68] ebd.

[69] vgl. zur Teleologie im „Isolierten Staat" auch Fischer (2002, S. 235 f.).

[70] vgl. Fabian (1983, S. 6 f.); vgl. auch Fabians Diagramme zur Raumzeitordnung der Ethnologie, die denen Thünens ähneln, 27.

entfernten Gegenden nicht so gut ist, als die in der Nähe der Stadt. Die höheren Wirtschaftssysteme haben dadurch, daß sie künstlicher, komplizierter sind und zugleich höhere Einsichten und Kenntnisse erfordern, für das Auge etwas Blendendes und Verführerisches."[71]

Auf einer imaginären Reise durch die Landschaft der Theorie werde jedoch evident, dass Kenntnisse allein nicht ausreichen, „um ein höheres Wirtschaftssystem in eine weniger kultivierte Gegend einzuführen".[72] Weder fehlendes Wissen noch mangelnde Intelligenz der Landbevölkerung sind der Grund für deren ökonomischen Entwicklungsstand und ihre stadientheoretische Position im isolierten Staat.[73] Alleiniger Grund dafür ist die Distanz zum zivilisatorischen Zentrum, die sich in hohen Transportkosten ausdrückt und nur mithilfe kapitalintensiverer Wirtschaftsformen überwunden werden kann. Schon die Figur des Reisenden impliziert dies, denn zweifellos muss es sich bei einem Beobachter, der tagelang Zeit hat zu reisen, um einen mit ausreichend Kapital ausgestatteten Bewohner eines der innersten Ringe handeln, der es sich leisten kann, von dort an den Rand der thünenschen Welt und wieder ins Zentrum zu reisen. Die Grenzlinien zwischen den Wirtschaftssystemen und Zivilisationsgraden sind demgemäß unüberwindlich ohne das notwendige Kapital.[74] Die Entwicklungsstadien sind in der Tat „streng geschieden". Jeder Versuch die Kultur- und Stadiengrenzen frühzeitig zu überschreiten werde, so Thünen unter Rekurs auf eine Strandmetapher, „von der Zeit wieder hinweggespült werden und spurlos verschwinden".[75] So wie Europa erst mit dem nötigen Kapital erschlossen und kultiviert worden sei, könne auch die Peripherie des isolierten Staates erst weiter kultiviert werden, wenn über die Zeit genug Kapital akkumuliert werde.

Erst wenn die Bevölkerung eines Kreises an dessen natürliche Grenze stoße und genügend Kapital angehäuft habe, expandiere diese Bevölkerung und führe in die nächstabgelegene Gegend die nächstkultiviertere Wirtschaftsform ein.[76] Ähnlich wie Malthus und Townsend geht Thünen davon aus, dass die Bevölkerungsgröße im isolierten Staat von der Nahrungsversorgung abhängt.[77] Je näher ein Kreis an der Stadt gelegen und je näher ein Stadium dem höchsten sei, d. h. je kultivierter, zivilisierter, ertragreicher die Wirtschaftsform, desto höher sei auch die Bevölkerungsdichte.[78] Die marginale Landschaft hinter der Außengrenze des isolierten Staates figuriert Thünen als beinahe „menschenleere" Außenwelt.[79] Hinsichtlich des Inselmythos und seiner stadientheoretischen Implikationen ist Thünens Darstellung dieser Landschaft besonders aufschlussreich.

---

[71]Thünen (1910, S. 262).

[72]ebd.

[73]vgl. Kopsidis (2006, S. 107).

[74]Thünen (1910, S. 263); statt Kapital ist hier von „Reichtum" die Rede.

[75]ebd., S. 262.

[76]vgl. ebd., S. 263.

[77]vgl. ebd., S. 136, 147; vgl. Lifschitz (1903).

[78]vgl. Thünen (1910, S. 261).

[79]ebd., S. 262.

Ausgrenzung der ‚Wildnis'

„Hinter dem Kreise der Viehzucht können nun noch einige Jäger zerstreut in den Wäldern leben, welche mit der Beschäftigung und der Lebensart der Wilden auch die Sitten derselben annehmen werden. Die einzige Kommunikation, welche diese Jäger mit der Stadt haben, besteht darin, daß sie ihre wenigen Bedürfnisse für die Felle wilder Tiere eintauschen. Dies ist dann die letzte Einwirkung, welche die Stadt auf diese Ebene, die weiterhin zur menschenleeren Wildnis wird, ausübt."[80]

Thünen charakterisiert die sogenannte Wildnis und ihre vermeintlich wilden Bewohner*innen als in gleichem Maße unkultiviert und unzivilisiert. Die Menschen außerhalb des kultivierten Raumes leben laut Thünen weitestgehend von unkultivierten Ressourcen der Natur, vergleichbar mit den stereotypisierten Tahitianer*innen seiner Kapitalentstehungstheorie. Indem Thünen den Bewohner*innen der Peripherie die Möglichkeit zur Teilnahme an der kultivierten (Land-) Wirtschaft des isolierten Staates aufgrund ökonomischer Gesetze des Marktes abspricht, disqualifiziert er diese Menschen bis auf weiteres für die Kultivierung des Bodens und ihrer selbst. (Allerdings sind die Wilden an der Grenze zum isolierten Staat nicht völlig unabhängig vom Markt. Sobald der Markt auch nur in erreichbare Nähe rückt, scheint er die Menschen in seinen Bannkreis zu ziehen.) Dabei sei der Boden der Wildnis genauso fruchtbar wie im isolierten Staat, „das Hindernis der Verbreitung der Kultur nach diesen Gegenden liegt demnach […] allein in der großen Entfernung von dem Marktplatz für die ländlichen Erzeugnisse."[81]

Die Abgelegenheit von der Zentralstadt verhindert in Thünens Modell aber nicht nur die landwirtschaftliche Kultivierung des Bodens, sondern dadurch zugleich dessen Aneignung. Erst urbar gemachter und vor neuerlicher Verwilderung geschützter, das heißt nicht-verlustbringender, Boden kann in Thünens Modell dauerhaft Eigentum heißen. Jeder andere Boden verliere den Besitzstatus automatisch wieder. Dementsprechend gilt der Boden der Wildnis Thünen und seinen radikalliberalen Epigonen als freies Gut.[82] Die dort ansässigen ‚unzivilisierten' Jäger*innen-Sammler*innen-Gesellschaften sind, das insinuiert Thünens Theorie, allen ökonomischen Gesetzen gemäß im Wortsinne *außerstande* Land zu besitzen. Führt man diese Implikation weiter, dann erscheint die koloniale Landnahme, die Thünen bekannt war, als Resultat einer natürlichen, autoregulativen Ökonomie des Raumes nach den Gesetzen des Marktes. Der isolierte Staat dient damit der Normalisierung imperialer Raumpolitik. Auch Thünens Darstellung der nordamerikanischen Kolonien als Paradebeispiel für die Naturalisierung

---

[80]ebd.
[81]ebd., S. 406.
[82]vgl. Samuelson (2014, S. 198).

kolonialer Eigentums- und Aneignungshierarchien im isolierten Staat lässt daran kaum Zweifel:

> „Dort [in den nordamerikanischen Freistaaten] ist, *wie im isolierten Staat,* fruchtbarer Boden in ungemessener Menge umsonst oder für eine Kleinigkeit zu haben. Dort kann, *wie im isolierten Staat,* nur die Entfernung vom Marktplatz der Ausbreitung der Kultur Schranken setzen. Aber diese Schranken werden durch die Dampfschifffahrt auf den Flüssen, durch die Anlegung von Kanälen und Eisenbahnen immer weiter hinausgeschoben."[83]

Noch einmal erklärt Thünen eine von europäischen Ansprüchen bisher verschonte Landschaft zum Chronotopos eines Paradieses nahe dem Urzustand.[84] Und noch einmal formalisiert, naturalisiert und entpolitisiert Thünen die koloniale Ökonomie in der außereuropäischen ‚neuen' Welt, wiederum im Zeichen des Inselmythos vom isolierten Staat.

Dort, wie im isolierten Staat, stelle die „Ausdehnung oder Verengung der kultivierten Ebene ein *sinnlich wahrnehmbares, untrügliches Kennzeichen* von dem zu- oder abnehmenden Reichtum des Staates" dar.[85] Die koloniale Expansion des isolierten Staates könne deswegen als Resultat und Zeichen von „Nationalreichtum" gedeutet werden.[86] Umgekehrt liefern die sichtbaren Größenveränderungen des Staates Thünen ein Argument gegen Abgaben und Steuern. Abgaben verringern die Bevölkerungsgröße, die Kapitalvermehrung und als Resultat die räumliche Ausdehnung des Staats. Maximaler Wohlstand und dessen optimale Verteilung würden nur durch freies Walten der von Thünen aufgestellten Naturgesetze des Bodens und des Marktes gewährleistet.[87] Der isolierte Staat ist eine Landschaft der Ökonomie abseits staatlicher Eingriffe. Martin Heilmann attestiert Thünen eine „deutlich staatsaversive Grundeinstellung".[88] Thünen macht von der Inselform Gebrauch, um seinem Ideal des ökonomischen Liberalismus ästhetische und scheinbar untrügliche Evidenz zu verleihen. Die Insel fungiert damit erneut als Topos eines geschlossenen, sozial entbetteten Systems der Volkswirtschaft als. Die Konfiguration der Insel in Thünens und anderen Texten der klassischen Ökonomik reiht sich damit in die Transformationsgeschichte des sozial-politischen Raums zum ökonomischen Raum ein, die Pierre Dockès nicht nur ausführlich auf französisch, sondern in Auszügen auch auf Englisch dargelegt hat und wie folgt zusammenfasst: „The autonomization of economic matters and of economic space with regard to the political

---

[83]Thünen (1910, S. 601); Hvg. LH.
[84]vgl. ebd., S. 602.
[85]ebd., S. 322.
[86]ebd.
[87]vgl. ebd., S. 322, 325–329.
[88]Heilmann (2002, S. 197).

and the social spaces, and then the upheaval which ended up in the determination of social space by economic space were brought about by the identification of economic matters with market trading."[89] Wie Townsends Insel, die als erste mit dem Ziel, den sozialen Raum zu rekonfigurieren, zur liberalen Mythifizierung der Autonomie und gesellschaftlichen Dominanz der Ökonomie benutzt wurde, herrscht auch in Thünens insularem Staat ein komplexes, natürliches Gleichgewicht zwischen den ökonomischen Faktoren (Ausdehnung der Ringe, Bevölkerungsgröße, Nahrungsversorgung, Transportkosten, Marktpreise), das sich nach Eingriffen und Störungen anpasst und nach vorübergehenden Eingriffen wieder zum vorherigen Optimalzustand zurückfindet.[90]

Thünen hatte schon in einer frühen Fassung betont, dass er unter dem isolierten Staat keinen „idealen Staat" im Sinne eines „vollkommenen", empirisch nicht nachzuweisenden Staates meine.[91] Nichtsdestoweniger verwandelt er, allem voran mittels der Ästhetik der Insel, Wirtschaftsgeschichte in Natur und naturalisiert das mathematische, normative Vorbild einer liberalen Wirtschaftsordnung. Der Ordoliberalist Walter Eucken leugnet zwar eine normative Intention des isolierten Staates (von einer normativen Wirkung schweigt er sich indes aus) und damit die „ethische [...]" Verantwortlichkeit seiner Form, nennt Thünens isolierten Staat aber zu Recht einen „Idealtypus" und eine „reine Form". Dieser betone selektiv und „pointierend" *bestimmte* Aspekte der Wirtschaft, andere (Sinn-)Zusammenhänge blendet er aus.[92] Diese Ausblendungen, für die der Einsatz und die Fortschrift des Inselmythos ein wesentliches Instrument sind, haben selbst ohne normative Absicht eine politische und ethische Dimension, performative Folgen und theoriegeschichtliche Konsequenzen.

Thünen an der Grenze: Zur Neoklassik

Über Thünens Theorie und den Robinsonmythos hält der moderne europäische Inselmythos aus zwei Richtungen Einzug in die neoklassische Ökonomik. In der Geschichte der Wirtschaftstheorie steht Thünen an der Grenze zwischen klassischer und neoklassischer Ökonomik. Seine theoretische Fassung des „Marginalprinzips" beurteilt Stavenhagen als „richtungweisenden theoretischen Gedanken".[93] Dabei wurde Thünens Theorie längere Zeit kaum rezipiert. Erst Ende des 19. Jahrhunderts integrierte der Amerikaner John Bates Clark Thünens Grenzvorstellung in seine Theorie

---

[89]Dockès (1990, S. 144).
[90]vgl. Thünen (1910, S. 328); vgl. Heilmann (2002, S. 198).
[91]Thünen, zit. nach Hoh (1998, S. 31).
[92]Eucken (1950, S. 269).
[93]Stavenhagen (1969, S. 111).

des Grenznutzenprinzips.[94] Thünens Grenzwertbestimmung und sein Grenzbegriff informieren die neoklassischen Grenzkosten- und Grenznutzenkalküle.[95] Zwischen der Vorstellung und Darstellung von Inseln in der klassischen ökonomischen Theorie und den zentralen Begriffen des neoklassischen Marginalismus besteht ein mythologischer (semiotropischer) Zusammenhang. Die kolonial- und sozialpolitisch geprägte Insellandschaft der klassischen Ökonomik hat vorgeblich neutrale, abstrakte neoklassische Modelle präfiguriert. Dieser Zusammenhang, der noch weiter erforscht werden muss, lässt sich mit Barthes' Methode als historische Genealogie mit Kontinuitäten und Brüchen beschreiben, in der die Inselform der Wirtschaft, ihren Gesetzen, ihrer Ordnung und vor allem ihren mitunter normativen Grenzen Konturen verleiht.

---

[94]vgl. ebd., S. 272; vgl. außerdem die Grenznutzentheorien von Gossen, Jevons, Menger und Walras, die zwar nicht explizit auf Thünen oder dessen Inseldarstellungen aufbauen, aber mit dem Inselmythos von Robinson Crusoe in Zusammenhang stehen (s. o.).

[95]vgl. ebd., S. 112; Kurz (2008, S. 156).

Rückblicke auf Mythen, Ausblicke auf Gegenmythen

Als „Aufgabe" der „neuen Semiologie", die den Mythos in eine „allgemeine Theorie der Sprache, des Schreibens und des Signifikanten" überführt, proklamiert Roland Barthes: „[D]ie mythische Botschaft nicht mehr bloß umkehren (oder zurechtrücken), wieder auf die Beine stellen, die Denotation unten und die Konnotation oben, die Natur an der Oberfläche und das Klasseninteresse in der Tiefe, sondern den Gegenstand selbst verändern, einen neuen Gegenstand, als Ausgangspunkt einer neuen Wissenschaft, hervorbringen".[1] Der Mythos müsse, so Barthes, „durch ein Querschreiben unter Beschuss" genommen werden.[2] Barthes' Methode besteht in ihrer jüngeren Fassung als *Querschrift* in zwei Schritten: Erstens aus dem analytischen Durchqueren der zum Mythos oder Idiolekt verdichteten Stereotype, Zitate und Verweise; zweitens aus dem Durchkreuzen, der Intervention in den analysierten Mythos.[3]

Die angefertigten Fallstudien haben die mythifizierten Insellandschaften durchquert und ihre epistemischen sowie politischen Funktionen in den einzelnen ökonomischen Theorien erkundet. Sie haben die formalen Inselstereotype, mit denen die Theorien arbeiten, auf Zitate, Verweise und begriffliche Intentionen zurückgeführt, mit historischem Wissen begründet und kontrastiert, zum Teil ihre politische Dimension abgeschätzt und ihre selektive Konstruiertheit und Konfiguration nachvollzogen. Der Inselmythos der Ökonomik konnte historisiert, politisiert und entnaturalisiert werden.

Die Durchquerung der Insellandschaften konnte zeigen, wie Rousseaus kultur- und ökonomiekritische Pädagogik die Insel Robinson Crusoes zugunsten des Naturbegriffs ihrer Ambivalenzen und ihre Bewohner ihres kolonial-merkantilistischen Kontextes beraubte. Rousseau lieferte der neoklassischen Ökonomik die Robinsonfigur als Repräsentanten des *homo oeconomicus* und entwarf im gleichen Zug die Konturen einer Inselform. Späterhin eignete sich diese als Vor-Zeichen der Vorstellung und

---

[1] Barthes (2005b, S. 76 f.).
[2] Barthes (2010e, S. 76).
[3] vgl. auch Barthes (1980, S. 49 ff.).

© Der/die Herausgeber bzw. der/die Autor(en), exklusiv lizenziert durch Springer Fachmedien Wiesbaden GmbH, ein Teil von Springer Nature 2020
L. Helbich, *Inseln der Ökonomie,* Wirtschaft + Gesellschaft,
https://doi.org/10.1007/978-3-658-29425-0

Darstellung von Inseln als *locus oeconomicus* der klassischen Ökonomik. Seinem Begriff eines sich selbst equilibrierenden *laissez faire*-Marktes und seiner im Wortsinne bestialischen – weil von Ziegen und Hunden auf Empfänger*innen staatlicher Fürsorge und versklavte Menschen schließenden – Bevölkerungs- und Sozialpolitik verlieh Joseph Townsend die naturalisierte und entpolitisierte Form einer Insel. Dem von Townsend vorweggenommenen Bevölkerungsgesetz und dessen politischen Implikationen gab Thomas Robert Malthus nicht nur eine mathematische, sondern ein weiteres Mal eine insulare Form, indem er seine Theoreme am paradigmatischen Fall Tahiti für die ganze Welt geltend machte. Auf Inseln wurde Malthus' Theorie aber nicht bloß gegründet, auf Inseln läuft sie auch auf Grund. Stadientheoretische Argumente, marktliberale Wirtschaftspolitiken und Systemvorstellungen, aber vor allem protomarginalistische Grenzwertvorstellungen finden sich nicht nur bereits in den Inselmythen Townsends und Malthus' angelegt. Sie wurden auch von Johann Heinrich von Thünen zu einer insularen Ordnung des berechenbaren, geschlossenen ökonomischen Raumes verdichtet und elaboriert. Thünen greift auf den Boden Tahitis zurück, um darauf seinen Gründungsmythos der Ökonomie zu errichten und er konfiguriert ein allgemeines Wirtschaftsmodell des isolierten Staates als insularen Chronotopos. Der Inselmythos trägt entscheidend zu wirtschaftswissenschaftlichen Entstehungsnarrativen, zur Definition, Konstitution und Konstruktion der Wirtschaft als geschlossenes System und Forschungsgegenstand bei. Andersherum wirken die Texte der Theorie am Bedeutungsprozess des Inselmythos mit. All das konnte gezeigt werden. Die Wiedereinbettung der durchquerten Landschaften der Theorie in einige ihrer historischen, sozialpolitischen und kolonialistischen Kontexte bleibt ein Durchkreuzen der Inselmythen und damit eine Intervention in die ökonomische Theorie jedoch weitgehend schuldig. Auch die nächsten Zeilen können die Landschaften der Ökonomik nicht neu ordnen. Aber sie können vielleicht einen Ausblick darauf geben, wie, und mit wessen Hilfe, eine Neuordnung der Landschaft der ökonomischen Theorie gelingen könnte.

Barthes schlägt vor, einen Gegenmythos zu schreiben, einen „Mythos zweiten Grades".[4] Beim Durchkreuzen des Mythos könnte es also darum gehen, den Mythos selbst zum Ausgangspunkt eines neuen Mythos zu machen, der ersteren deformiert und für die Darstellung anderer Begriffe herrichtet. Dieser Vorschlag versteht sich als Experiment, mit dem Ziel, „den ersten [Mythos] als betrachtete Naivität zu begründen".[5] Nicht unproblematisch ist das Experiment auch deswegen, weil es Gefahr läuft, selbst in die Idiolektik des Mythos zu verfallen, selbst einen kontingenten Zusammenhang von Begriff und Form als natürlich, unpolitisch, ahistorisch und selbstverständlich zu präsentieren. Eine Lösung für dieses Problem sieht Barthes in der Schreibweise des Gegenmythos. Mit Verweis auf Flaubert schlägt er vor, den Gegenmythos

---

[4] Barthes (2010e, S. 286).
[5] ebd., S. 286 f.

„konjunktivisch[...]", als „‚indirekte Rede'" zu formulieren,[6] ihm also eine mittelbare, bedingte Form zu geben, die ontologische Gewissheit zurückweist. Eine solche instabile, formlose Form allerdings eigne sich laut Barthes nicht als neuer Gegenstand, als Ausgangspunkt einer neuen Wissenschaft.[7]

Ich denke, Barthes irrt sich in seiner Ablehnung des Gegenmythos als Gegenstand der Wissenschaft, wie er sich auch darin irrt, dass die „Unterdrückten", „Proletarier" und „Kolonisierten" „noch keinen Zugang" zur Mythosproduktion hätten.[8] Zumindest gegen den Inselmythos der ökonomischen Theorie ließe sich vermutlich ein Mythos schreiben und ist vielleicht schon einer geschrieben worden, der nicht nur in die Inselform der Ökonomik einen neuen Begriff von Wirtschaft implantiert, sondern die Inselform selbst deformiert. Dazu könnte sie aus dem aus ihr ausgeklammerten Sinnrepertoire rekonfiguriert werden.[9] Erstens könnten auf diese Weise und zu diesem Zweck die Kolonisierten und die marginalisierten Bewohner*innen und Kulturen der mystifizierten Inseln selbst zu Wort kommen. Archipelagische, vor allem aber postkoloniale ozeanische Konzeptionen der Inselwelt entwerfen eine Landschaft der Theorie, die nicht länger vom Systemdenken der isolierten Insel, sondern von relationalen Netzwerkvorstellungen der verbundenen Inseln geprägt sind. Epeli Hau'ofas selbstkritische Ethnologien Ozeaniens erinnern immer wieder an prä- und postkoloniale Inselmythen und daran, dass mit diesen Landschaftsbedeutungen Philosophien zusammenhängen, auf deren Grundlage Gegenmythen konstruiert werden könnten.[10] Archipelagische Philosophien, denen die Insellandschaft der Karibik zugrunde liegt, haben Edward Kamau Brathwaite und Édouard Glissant geschrieben.[11] Deutlich situiert letzterer seine Philosophie der Beziehung in der archipelagischen Landschaft: „[T]he reality of archipelagos in the Caribbean or the Pacific provides a natural illustration of the thought of Relation".[12] Diese und andere archipelagische Philosophien können hier nicht weiter ausgeführt werden, aber sie bestärken Ottmar Ettes Hoffnung auf neue Landschaften der Theorie und damit neue Epistemologien.[13] Ein daran anschließender Gegenmythos in Opposition zum Inselmythos der Ökonomik stellt in Aussicht,

---

[6]ebd., S. 287.

[7]vgl. auch das Dilemma des linken Mythos bei Barthes, ebd., S. 299 ff.

[8]ebd., S. 302.

[9]Damit folge ich einem Vorschlag David Ruccios: „[W]e can begin to unearth and examine knowledges of existing economic arrangements and imaginaries of alternative economies that are hidden within or behind, that in one way or another exceed, ‚official' ideas about the economy." Ruccio (2008, S. 5).

[10]vgl. Hau'ofa (1994); Hau'ofa (2008b, S. 6).

[11]vgl. McMahon et al. (2011, S. 118).

[12]Glissant (1997, S. 34); „Édouard Glissant entwickelt seine Ideen ausgehend von der Landschaft", bemerkt auch seine Übersetzerin Thill (2013); vgl. auch Glissant (1999).

[13]vgl. Ette (2001, S. 538); Ette (2005, S. 152 f.).

was Julian Go jüngst in der Soziologie als „epistemic insurgency"[14] bezeichnet und gefordert hat: Die Dekolonisierung und Überwindung etablierter Landschaftshierarchien der Theorie – namentlich der dominanten Zentralperspektive des europäischen „metropolitan-imperial [...] heartland of empire" – und damit ein epistemischer „shift" hin zu marginalisierten Beobachter*innenpositionen und Theorieperspektiven.[15]

Zweitens könnte jenen ethnologisch fundierten, soziologischen Kulturtheorien vorsichtig Gehör geschenkt werden, die sich kapitalismuskritisch mit marginalen Ökonomien auf Inseln befasst haben und dabei oft genug den europäischen Inselmythos der Ökonomik „ent-täuscht" haben.[16] Marcel Mauss etwa zieht die vermeintlich universellen Prämissen der modernen Ökonomik in Zweifel, indem er sie den Einsichten einer „inversiven Enthnographie" vom archipelischen Standpunkt des ozeanischen Gabentauschs aussetzt.[17] Die Unterscheidungen und Begriffe von Eigentum und Person im Sinne des *homo oeconomicus* oder von marktliberalem Eigennutz und sozialem Zwang werden im Gabentausch durchkreuzt, indem sie in einer „*Mélange*" gekreuzt werden.[18] Diese Melange sieht Mauss im Gabentausch realisiert, in dem sich zwei Gesellschaften begegnen. Mauss' Analyse des trobriandischen Kula-Tauschs macht deutlich, dass diese Begegnung der Kreuzung *zwischen* zwei Gesellschaften mit einer vollkommen isolierten holistischen Insel-Gesellschaft (bzw. Insel-Individuen) nicht denkbar ist.[19] Der Gabentausch vollzieht sich in archipelischen, ozeanischen Gestaden, deren Inseln sich mit jedem Gabentausch erneut rekonfigurieren, vernetzen und zueinander ins Verhältnis setzen.[20] Die Landschaft der mausschen Theorie, die der universalistischen Insel der modernen Ökonomik entgegengestellt werden könnte, ist der pazifische Archipel. Das europäische Denkbild der einsamen, abgelegenen Insel stößt spätestens in diesen Kontexten an seine inhärenten Grenzen. Der tradierte Topos des Neuanfangs, der klassisch-neoklassische Inselmythos, kann nicht der Ausgangspunkt einer neuen Ökonomik sein. Ihre Prämissen, Theoreme, Begriffe, Formeln, Epistemologien und Methoden könnten sich in einer archipelischen Landschaft der Theorie verteilen und verorten, bewegen und beweisen.

---

[14]Go (2017, S. 196).
[15]ebd., 194–196.
[16]Barthes (1980, S. 53).
[17]Därmann (2005, S. 74); Iris Därmanns instruktiven Lektüren ist es zu verdanken, dass auch in der mausschen Theorie weniger bewanderte Leser*innen in diesem „Dickicht und Gestrüpp ohne Ausgang" einen Weg finden Därmann (2016, S. 18).
[18]Därmann (2016, S. 14, 18); Hvg. i. O.
[19]vgl. ebd., S. 23 f.
[20]vgl. ebd., S. 25 f.; Därmann verweist darauf, dass hier eine sich beständig neu verortende Asymmetrie am Werk ist – und kein ökonomischer Gleichgewichtszustand das Resultat.

Literatur

Nero, Karen (1997): The End of Insularity, in: Donald Denoon/Malama Meleisea (Hgg.): *The Cambridge History of the Pacific Islanders*, Cambridge, S. 439–467.

Cook, James (1768): Secret Instructions for Lieutenant James Cook Appointed to Command His Majesty's Bark the Endeavour 30 July 1768, National Library of Australia, https://www.foundingdocs.gov.au/item-did-34.html, Zugriff: 06.01.2020.

Baldacchino, Godfrey (2005): Editorial: Islands – Objects of Representation, in: *Geografiska Annaler. Series B, Human Geography 87 (4)*, S. 247–251.

Baldacchino, Godfrey (2006): Islands, Island Studies, Island Studies Journal, in: *Island Studies Journal 1 (1)*, S. 3–18.

Barthes, Roland (1980): Lektion/Leçon, Frankfurt a. M.

Barthes, Roland (2005a): Mythologies, Paris.

Barthes, Roland (2005b): Mythologie heute, in: *Das Rauschen der Sprache*, Frankfurt a. M., S. 73–77.

Barthes, Roland (2005c): Der Wirklichkeitseffekt, in: *Das Rauschen der Sprache*, Frankfurt a.M., S. 164–172.

Barthes, Roland (2010a): Wie Paris nicht Unterging, in: *Mythen des Alltags*, Frankfurt a. M., S. 77–81.

Barthes, Roland (2010b): Mythologies: Edition illustrée, Paris.

Barthes, Roland (2010c): Spielsachen, in: *Mythen des Alltags*, Frankfurt a. M., S. 74–74.

Barthes, Roland (2010d): Der verlorene Kontinent, in: *Mythen des Alltags*, Frankfurt a. M., S. 212–215.

Barthes, Roland (2010e): Der Mythos heute, in: *Mythen des Alltags*, Frankfurt a. M., S. 249–316.

Barthes, Roland (2010f): Vorwort, in: *Mythen des Alltags*, Frankfurt a. M., S. 9–12.

Bashford, Alison (2014): Global Population: History, Geopolitics, and Life on Earth, New York.

Bashford, Alison/Chaplin, Joyce E. (2016): The New Worlds of Thomas Robert Malthus: Rereading the Principle of Population, Princeton.

Bastiat, Frédéric (1996a): Economic Harmonies, Irvington-on-Hudson.

Bastiat, Frédéric (1996b): Economic Sophisms, Irvington-on-Hudson.

Batongbacal, Jay L. (2001): Archipelagic Studies: Charting New Waters, in: *Ocean Yearbook Online 15 (1)*, S. 442–462.

Beer, Gillian (1989): Discourses of the Island, in: Frederick Amrine (Hg.): *Literature and Science as Modes of Expression*, Dordrecht, S. 1–27.

Bellhouse, Mary L. (1982): On Understanding Rousseau's Praise of Robinson Crusoe, in: *Canadian Journal of Social and Political Theory 6 (3)*, S. 120–137.

Billig, Volkmar (2009): Inseln. Geschichte einer Faszination, Berlin.
Bioteau, Emmanuel/Calberac, Yann (2004): Le géographe face à son objet. Distanciation et méthode à travers l'exemple d'un terrain urbain frontalier, in: *Geographica Timisiensis 14*, S. 55–73.
Blewett, David (1986): Robinson Crusoe, Friday, and the Noble Savage: The Illustration of the Rescue of Friday Scene in the Eighteenth Century, in: *Lumen 5*, S. 29–49.
Blumenberg, Hans (2014): Schiffbruch mit Zuschauer: Paradigma einer Daseinsmetapher, Frankfurt a. M.
Böhme, Hartmut (1996): Vom Cultus zur Kultur(wissenschaft): Zur historischen Semantik des Kulturbegriffs, in: Renate Glaser/Matthias Luserke (Hgg.): *Literaturwissenschaft, Kulturwissenschaft: Positionen, Themen, Perspektiven*, Opladen, S. 48–68.
Böhme, Hartmut (2012): Kulturwissenschaft, in: Stephan Günzel (Hg.): *Raumwissenschaften*, Frankfurt a. M., S. 191–207.
Bongie, Chris (1998): Islands and Exiles: The Creole Identities of post/colonial Literature, Stanford.
Borgards, Roland (2016): Selkirks Tiere: Insel-Theriotopien bei Woodes Rogers (1712), Edward Cooke (1712) und Richard Steele (1713), in: Ders. et al. (Hgg.): *Robinsons Tiere*, Freiburg, S. 25–59.
Borgards, Roland (2017): Die Legende vom Kampf der Ziegen mit den Hunden auf der Isla Juan Fernández, in: Ute Holl et al. (Hgg.): *Gespenster des Wissens*, Zürich, S. 55–60.
Cacciari, Massimo (1998): Der Archipel Europa, Köln.
Çalışkan, Koray/Callon, Michel (2009): Economization, Part 1: Shifting Attention from the Economy towards Processes of Economization, in: *Economy and Society 38 (3)*, S. 369–398.
Callon, Michel (1998): Introduction: The Embeddedness of Economic Markets in Economics, in: *Sociological Review 46*, S. 1–57.
Carey, Henry Charles (1837): Principles of Political Economy Part the First: Of the Laws of the Production and Distribution of Wealth, Philadelpia.
Carey, Henry Charles (1858): Principles of Social Science, Philadelpia, London; Paris.
Chambers, J. David (1953): Enclosure and Labour Supply in the Industrial Revolution, in: *The Economic History Review 5 (3)*, S. 319.
Chambers, J. David/Mingay, Gordon E. (1966): The Agricultural Revolution, 1750–1880, New York.
Chaplin, Joyce E. (2006): Benjamin Franklin's Political Arithmetic: A Materialist View of Humanity, Washington, D.C.
Cohen, Margaret (2015): Atlantik/Pazifik: Die imaginäre Erschließung der Ozeane im Zeitalter der Segelschifffahrt, in: Jörg Dünne/Andreas Mahler (Hgg.): *Handbuch Literatur & Raum*, Berlin; München; Boston, S. 364-375.
Conkling, Philip (2010): On Islanders and Islandness, in: *Geographical Review 97 (2)*, S. 191–201.
Constantakopoulou, Christy (2010): The Dance of the Islands: Insularity, Networks, the Athenian Empire and the Aegean World, Oxford, New York.
Costazza, Alessandro (2014): Effet de réel und die Überwindung der Postmoderne: »Es geht um den Realismus«, in: Birgitta Krumrey et al. (Hgg.): *Realitätseffekte in der deutschsprachigen Gegenwartsliteratur: Schreibweisen nach der Postmoderne?*, Heidelberg, S. 63–89.
Crane, Ralph/Fletcher, Lisa M. (2016): The Genre of Islands: Popular Fiction and Performative Geographies, in: *Island Studies Journal 11 (2)*, S. 637.
Därmann, Iris (2005): Fremde Monde der Vernunft: Die ethnologische Provokation der Philosophie, München.
Därmann, Iris (2009): Figuren des Politischen, Frankfurt a. M.

Därmann, Iris (2013): Theorieszenen: Transformationsanalysen zum bellizistisch-agonalen Imaginären bei Platon, Thomas Hobbes, Charles Darwin und Sigmund Freud, in: Alice Pechriggl/Anna Schober (Hgg.): *Hegemonie und die Kraft der Bilder*, Köln, S. 44–68.
Därmann, Iris (2016): Theorien der Gabe zur Einführung, Hamburg.
Dampier, William (1699): A New Voyage Round the World (Bd. 1), London, http://archive.org/details/anewvoyageround00dampgoog, Zugriff: 06.01.2020.
Defoe, Daniel (2008): Das Leben und die seltsamen Abenteuer des Robinson Crusoe: einem Seeman aus York, der achtundzwanzig Jahre allein auf einer unbewohnten Insel vor der Küste Amerikas, nahe der Küste des Orinoko-Stromes, verbrachte, wohin er als Überlebender eines Schiffbruchs verschlagen worden war; mit einem Bericht, wie er schließlich auf ebenso außergewöhnliche Weise durch Piraten befreit wurde; geschrieben von ihm selbst, Frankfurt a. M.
Deleuze, Gilles (1992): Differenz und Wiederholung, München.
Deleuze, Gilles (2004): Desert Islands: and Other Texts, 1953–1974, Los Angeles; Cambridge, Massachusetts.
DeLoughrey, Elizabeth M. (2007): Globalizing the Routes of Breadfruit and Other Bounties, in: *Journal of Colonialism and Colonial History 8 (3)*.
Dobie, Madeleine (2010): Trading Places: Colonization and Slavery in eighteenth-century French Culture, Ithaca.
Dockès, Pierre (1990): The Birth of Concepts of the Trading Space in the Seventeenth and Eighteenth Centuries, in: *Journal of the History of Economic Thought 12 (2)*, S. 124–145.
Echterhölter, Anna (2013a): Ökonomische Praktiken, in: *Ilinx (3)*, S. viii–xxx.
Echterhölter, Anna (2013b): Kafkas Ausstieg, Blanchots Milieu: Von der Produktivität unterirdischer Architekturen, in: Dorit Müller/Julia Weber (Hgg.): *Die Räume der Literatur*, Berlin; Boston.
Echterhölter, Anna (2014): Neutralisierung der Ränder: Prämonetärer Tausch bei Karl Polanyi und Raymond Firth, in: Inga Klein/Sonja Windmüller (Hgg.): *Kultur der Ökonomie*, Bielefeld.
Echterhölter, Anna/Därmann, Iris (2013): Gebrauchsweisen des Raums, in: Dies. (Hgg.): *Konfigurationen: Gebrauchsweisen des Raums*, Zürich, S. 7–30.
Edmond, Rod/Smith, Vanessa (Hgg.) (2003): Islands in History and Representation, London; New York.
Ellingson, Ter (2001): The Myth of the Noble Savage, Berkeley; Los Angeles; London.
Ette, Ottmar (2001): Literatur in Bewegung: Raum und Dynamik grenzüberschreitenden Schreibens in Europa und Amerika, Weilerswist.
Ette, Ottmar (2005): Von Inseln, Grenzen und Vektoren: Versuch über die fraktale Inselwelt der Karibik, in: *Grenzen der Macht – Macht der Grenzen. Lateinamerika im globalen Kontext*, Frankfurt a. M., S. 135–180.
Ette, Ottmar (2010): Zeichenreiche: Insel-Texte und Text-Inseln bei Roland Barthes und Yoko Tawada, in: Christine Ivanovic (Hg.): *Yoko Tawada. Poetik der Transformation. Beiträge zum Gesamtwerk*, S. 207–231.
Ette, Ottmar (2013a): Roland Barthes: Landschaften der Theorie, Konstanz.
Ette, Ottmar (2013b): Viellogische Philologie: Die Literaturen der Welt und das Beispiel einer transarealen peruanischen Literatur, Berlin.
Eucken, Walter (1950): Die Grundlagen der Nationalökonomie, Berlin; Göttingen; Heidelberg.
Fabian, Johannes (1983): Time and the Other: How Anthropology Makes its Object, New York.
Falaky, Fayçal (2015): Reading Rousseau in the Colonies: Theory, Practice, and the Question of Slavery, in: *Small Axe: A Caribbean Journal of Criticism 19 (1)*, S. 5–19.

Fischer, Justina (2002): Die Konzeption des Homo oeconomicus im „Isolierten Staat", in: Michael Rauscher/Fritz Tack (Hgg.): *Johann Heinrich von Thünen: Thünensches Gedankengut in Theorie und Praxis (Berichte über Landwirtschaft 215. Sonderheft)*, Münster, S. 228–248.

Fletcher, Lisa M. (2011): „some distance to go…": A Critical Survey of Island Studies, in: *New Literatures Review 47–48*, S. 17–34.

Folbre, Nancy (1992): „The Improper Arts": Sex in Classical Political Economy, in: *Population and Development Review 18 (1)*, S. 105–121.

Franklin, Benjamin (1918): Observations Concerning the Increase of Mankind, Peopling of Countries, &c, Tarrytown.

Franks, Jill (2006): Islands and the Modernists: The Allure of Isolation in Art, Literature and Science, Jefferson.

Fujita, Masahisa et al. (2014): The Spatial Economy: Cities, Regions and International Trade, Cambridge, Massachusetts.

Funke, Hans-Günter (2005): Reise nach Utopia: Studien zur Gattung Utopie in der französischen Literatur, Münster.

Gasché, Rodolphe (2006): Zur Figur des Archipels, in: Daniel Weidner (Hg.): *Figuren des Europäischen: Kulturgeschichtliche Perspektiven*, München, S. 235–245.

Glissant, Édouard (1997): Poetics of Relation, Ann Arbor.

Glissant, Édouard (1999): From the Landscape, in: *Caribbean Discourse: Selected Essays*, Charlottesville, S. 10–11.

Go, Julian (2017): Decolonizing Sociology: Epistemic Inequality and Sociological Thought, in: *Social Problems 64 (2)*, S. 194–199.

Gossen, Hermann Heinrich (1854): Entwickelung der Gesetze des menschlichen Verkehrs, und der daraus fließenden Regeln für menschliches Handeln, Braunschweig.

Grapard, Ulla (1995): Robinson Crusoe: The Quintessential Economic Man?, in: *Feminist Economics 1 (1)*, S. 33–52.

Grapard, Ulla/Hewitson, Gillian J. (Hgg.) (2011a): Robinson Crusoe's Economic Man: A Construction and Deconstruction, London; New York.

Grapard, Ulla/Hewitson, Gillian J. (2011b): Introduction: Economics and Literature, in: Dies. (Hg.): *Robinson Crusoe's Economic Man: A Construction and Deconstruction*, London; New York, S. 1–11.

Graziadei, Daniel (2015): Nissopoiesis: Wie Robinsone ihre Inseln erzählen, in: Jörg Dünne/ Andreas Mahler (Hgg.): *Handbuch Literatur & Raum*, Berlin, München, Boston.

Grove, Richard H. (1997): Green Imperialism: Colonial Expansion, Tropical Island Edens and the Origins of Environmentalism, 1600–1860, Cambridge.

Gudeman, Stephen F. (1986): Economics as Culture: Models and Metaphors of Livelihood, London; Boston.

Guittard, Jacqueline (2006): Impressions Photographiques: Les Mythologies de Roland Barthes, in: *Littérature (143)*, S. 114–134.

Haberle, Simon (2009): Juan Fernández Island, in: Rosemary Gillespie/David Clague (Hgg.): *Encyclopedia of Islands*, Berkerley, S. 507–509.

Hack, William (1684): Map of Juan Fernández, in: *Captain Bartholomew Sharp's South Sea Waggoner, or a chart of South America, containing 135 maps and drawings of the appearance of the Western Coast from Acapulco to Cape Horn, carefully sketched on a large scale*, Wapping, S. 269–270, https://www.bl.uk/collection-items/map-of-juan-fernandez-in-william-hacks-south-sea-waggoner-1684), Zugriff: 06.01.2020.

Hardin, Garrett (1968): The Tragedy of the Commons, in: *Science 162 (3859)*, S. 1243–1248.

Harvey, David (2006): The Sociological and Geographical Imaginations, in: *International Journal of Politics, Culture, and Society 18 (3–4)*, S. 211–255.

Hau'ofa, Epeli (1994): Our Sea of Islands, in: *The Contemporary Pacific 6 (1)*, S. 148–161.
Hau'ofa, Epeli (2008a): The Ocean in Us, in: *We Are the Ocean: Selected Works*, Honolulu, S. 41–59.
Hau'ofa, Epeli (2008b): Anthropology and Pacific Islanders, in: *We Are the Ocean: Selected Works*, Honululu, S. 3–10.
Hay, Pete (2006): A Phenomenology of Islands, in: *Island Studies Journal 1 (1)*, S. 19–42.
Heilmann, Martin (2002): Thünens Idee zur Modelltheoretischen Analyse der Steuerentwicklung, in: Michael Rauscher/Fritz Tack (Hgg.): *Johann Heinrich von Thünen: Thünenschessches Gedankengut in Theorie und Praxis (Berichte über Landwirtschaft 215. Sonderheft)*, Münster, S. 193–209.
Hoh, Stephanie (1998): Johann Heinrich von Thünen (1783–1850) und seine außenwirtschaftlichen Untersuchungen, Wiesbaden.
Huzel, James P. (1969): Malthus, the Poor Law, and Population in Early Nineteenth-Century England, in: *The Economic History Review 22 (3)*, S. 430–452.
Hymer, Stephen (2011): Robinson Crusoe and the Secret of Primitive Accumulation, in: Ulla Grapard/Gillian J. Hewitson (Hgg.): *Robinson Crusoe's Economic Man: A Construction and Deconstruction*, London; New York, S. 42–61.
Irving, Robert et al. (1997): Why Study Islands?, in: Dies. (Hg.): *Island studies: Fifty Years of the Lundy Field Society*, Bideford, S. 5–13.
Jamme, Christoph (1991): „Gott an hat ein Gewand": Grenzen und Perspektiven philosophischer Mythos-Theorien der Gegenwart, Frankfurt a. M.
Karagöz, Ufuk (2014): The Neoclassical Robinson: Antecedents and Implications, in: *History of Economic Ideas 22 (2)*, S. 75–100.
Kegler, Karl R. (2009): „Der neue Begriff der Ordnung": zwischen NS-Staat und Bundesrepublik; Das Modell der zentralen Orte als Idealbild der Raumordnung, in: Heinrich Mäding/Wendelin Strubelt (Hgg.): *Vom Dritten Reich zur Bundesrepublik: Beiträge einer Tagung zur Geschichte von Raumforschung und Raumplanung am 12. und 13. Juni 2008 in Leipzig*, Hannover, S. 188–209.
Keown, Michelle (2008): Our Sea of Islands: Migration and Métissage in Contemporary Polynesian Writing, in: *International Journal of Francophone Studies 11 (4)*, S. 503–522.
Kern, William S. (2011): Robinson Crusoe and the Economists, in: Ulla Grapard/Gillian J. Hewitson (Hgg.): *Robinson Crusoe's Economic Man: A Construction and Deconstruction*, London; New York, S. 62–75.
Kirman, A. (2010): The Economic Crisis is a Crisis for Economic Theory, in: *CESifo Economic Studies 56 (4)*, S. 498–535.
Klein, Inga/Windmüller, Sonja (2014): Kultur(en) der Ökonomie: Einleitendes, in: Dies. (Hgg.): *Kultur der Ökonomie*, Bielefeld, S. 7–16.
Kopsidis, Michael (2006): Agrarentwicklung: Historische Agrarrevolutionen und Entwicklungsökonomie, Stuttgart.
Koritz, Amy/Koritz, Douglas (1999): Symbolic Economics: Adventures in the Metaphorical Marketplace, in: Martha Woodmansee/Mark Osteen (Hgg.): *The New Economic Criticism: Studies at the Intersection of Literature and Economics*, London; New York, S. 346–355.
Koschorke, Albrecht (2005): Vor der Gesellschaft: Das Anfangsproblem der Anthropologie, in: *Urmensch und Wissenschaft. Eine Bestandsaufnahme*, Darmstadt, S. 245–258.
Köster, Werner (2005): Der „Raum" als Kategorie der Resubstantialisierung: Analysen zur neuerlichen Konjunktur einer deutschen Semantik, in: Robert Stockhammer (Hg.): *TopoGraphien der Moderne: Medien zur Repräsentation und Konstruktion von Räumen*, München, S. 25–72.
Kurz, Heinz D. (2008): Johann Heinrich von Thünen (1783–1850), in: Ders. (Hg.): *Klassiker des Ökonomischen Denkens*, München, S. 140–158.

Landmann, Antje (2003): Zeichenleere: Roland Barthes' interkultureller Dialog in Japan, München.

Lepenies, Philipp (2011): Von Ziegen und Hunden: Joseph Townsend, die Armengesetze und der Glaube an die Überlegenheit von Märkten, in: Ders. (Hg.): *Über die Armengesetze: Streitschrift eines Menschenfreundes*, Berlin, S. 65–123.

Lifschitz, Feitel (1903): Robert Thomas Malthus und Johann Heinrich von Thünen als Bevölkerungstheoretiker, in: *Zeitschrift für die gesamte Staatswissenschaft / Journal of Institutional and Theoretical Economics 59 (3)*, S. 553–572.

Lüdemann, Susanne (2004): Metaphern der Gesellschaft: Studien zum Soziologischen und Politischen Imaginären, München.

Luhmann, Niklas (1987): Tautologie und Paradoxie in den Selbstbeschreibungen der modernen Gesellschaft, in: *Zeitschrift für Soziologie 16 (3)*, S. 161–174.

Malthus, Thomas Robert (1803): Principle of Population, London.

Malthus, Thomas Robert (1806): Principle of Population, London.

Malthus, Thomas Robert (1977): Das Bevölkerungsgesetz, München.

Mandeville, Bernard de (1980): Die Bienenfabel oder private Laster, öffentliche Vorteile, Frankfurt a. M.

Marx, Karl (1971): Einleitung [zur Kritik der Politischen Ökonomie], in: *Marx Engels Werke (MEW)*, Bd. 13, Berlin, S. 615–641.

Marx, Karl/Engels, Friedrich (1983): Das Kapital: Kritik der politischen Ökonomie Erster Band, in: *Marx Engels Werke (MEW), Bd. 23*, Berlin.

Marzec, R. (2007): An Ecological and Postcolonial Study of Literature: From Daniel Defoe to Salman Rushdie, New York; Houndmills.

Marzec, Robert P. (2002): Enclosures, Colonization, and the Robinson Crusoe Syndrome: A Genealogy of Land in a Global Context, in: *boundary 2 29 (2)*, S. 129–156.

Massey, Doreen (1999): Imagining Globalization: Power-Geometries of Time-Space, in: Avtar Brah et al. (Hgg.): *Global Futures*, London, S. 27–44.

Mayer-Schwieger, Maren (2017): Umwege auf See: Zur Pflanzenverschiffung Ende des 18. Jahrhunderts, in: *ilinx (4)*, S. 146–156.

McCloskey, Deirdre N. (1998): The Rhetoric of Economics, Madison.

McGauran, John-Paul/Offer, John (2015): Christian Political Economics, Richard Whately and Irish Poor Law Theory, in: *Journal of Social Policy 44 (1)*, S. 43–61.

McMahon, Elizabeth et al. (2011): Envisioning the Archipelago, in: *Island Studies Journal 6 (2)*, S. 113–130.

Meynen, Gloria (2010a): Die Insel als Kulturtechnik: Ein Entwurf., in: *Zeitschrift für Medienwissenschaft 2 (2)*, S. 79–91.

Meynen, Gloria (2010b): Welt im Plural, in: Ulrike Bergermann (Hg.): *Das Planetarische: Kultur – Technik – Medien im postglobalen Zeitalter*, München, S. 59–79.

Meynen, Gloria (2016): Schwarze Paradiese, in: Gabriele Mackert/Paul Petritsch (Hgg.): *Menschen machen Natur: Humans make Nature, Landscapes of the Anthropocene*, Berlin, S. 66–77.

Morgan, Mary S. (2001): Models, Stories and the Economic World, in: *Journal of Economic Methodology 8 (3)*, S. 361–384.

Moser, Christian (2005): Archipele der Erinnerung: Die Insel als Topos der Kulturisation, in: *Topographien der Literatur*, Stuttgart, S. 408–432.

Moser, Christian (2015): Von der epischen zur dramatischen Insel: Die Insel als Chronotopos in literarischen Texten der Antike und der Renaissance, in: *Amsterdamer Beiträge zur älteren Germanistik 75 (1)*, S. 279–303.

Müller-Wille, Staffan (2003): Nature as a Marketplace: The Political Economy of Linnaean Botany, in: *History of Political Economy 35 (5)*, S. 154–172.

Murdoch, Alex (1998): Emigration from the Scottish Highlands to America in the Eighteenth Century, in: *Journal for Eighteenth-Century Studies 21 (2)*, S. 161–174.

Neeson, Jeanette M. (1996): Commoners: Common Right, Enclosure and Social Change in England, 1700 – 1820, Cambridge.

Neill, Anna (2011): Mercantilism and Criminal Transporation in The Farther Adventures of Robinson Crusoe, in: Ulla Grapard/Gillian J. Hewitson (Hgg.): *Robinson Crusoe's Economic Man: A Construction and Deconstruction*, London ; New York, S. 202–214.

Novak, Maximillian E. (1962): Economics and the Fiction of Daniel Defoe, Berkeley.

Nowka, Scott (2010): Building the Wall: Crusoe and the Other, in: *Digital Defoe: Studies in Defoe & His Contemporaries 2 (1)*, S. 41–57.

Oliver, Douglas L. (1974): Ancient Tahitian Society: Ethnography (Bd. 1), Canberra.

Owens, B. Robert (2012): Mapping the City: Innovation and Continuity in the Chicago School of Sociology, 1920–1934, in: *The American Sociologist 43 (3)*, S. 264–293.

Pahl, Hanno (2010): Marx, Foucault und das Projekt einer Wissenssoziologie der Wirtschaftswissenschaften, in: *PROKLA. Zeitschrift für kritische Sozialwissenschaft 40 (159)*, S. 241–258.

Peabody, Sue (1996): There are no Slaves in France: The Political Culture of Race and Slavery in the Ancien Régime, New York.

Polack, Fiona (1998): Writing and Rewriting the Island: Tasmania, Politics and Contemporary Island Fiction, in: Laurie Brinklow et al. (Hgg.): *Message in a Bottle: The Literature of Small Islands : Proceedings from an International Conference, Charlottetown, Prince Edward Island, Canada, June 28 to 30, 1998*, Charlottetown, S. 215–230.

Polanyi, Karl (2001): The Great Transformation: The Political and Economic Origins of our Time, Boston.

Pugh, Jonathan (2013): Island Movements: Thinking with the Archipelago, in: *Island Studies Journal 8 (1)*, S. 9–24.

Reulecke, Anne-Kathrin (2008): Der Thesaurus der Literatur:‚Semiotropische' Perspektiven auf das Verhältnis von Literatur und Wissen, in: Dies. (Hg.): *Von Null bis Unendlich: Literarische Inszenierungen Naturwissenschaftlichen Wissens*, Köln; Weimar, S. 7–16.

Ronström, Owe (2009): Island Words, Island Worlds: The Origins and Meanings of Words for „Islands" in North-West Europe, in: *Island Studies Journal 4 (2)*, S. 163–182.

Ronge, Bastian (2015): Das Adam-Smith-Projekt: Zur Genealogie der liberalen Gouvernementalität, Wiesbaden.

Roscher, Wilhelm (1874): Geschichte der National-Oekonomik in Deutschland, München.

Rousseau, Jean-Jacques (1789a): Emil oder über die Erziehung: Zweiter Theil, Braunschweig.

Rousseau, Jean-Jacques (1789b): Emil oder über die Erziehung: Erster Theil, Braunschweig.

Ruccio, David F. (2008): Introduction: What are Economic Representations and what's at Stake?, in: Ders. (Hg.): *Economic Representations: Academic and Everyday*, London; New York, S. 1–31.

Ruchatz, Jens et al. (2007): Zur Systematik des Beispiels, in: Dies. (Hg.): *Das Beispiel: Epistemologie des Exemplarischen*, Berlin, S. 7–59.

Samuelson, Paul A. (2014): Thünen at Two Hundred, in: Steven G. Medema/Anthony M.C. Waterman (Hgg.): *Paul Samuelson on the History of Economic Analysis*, New York, S. 195–226.

Scholl, Stefan (2014): Das Politische als ‚konstitutives Außen' des Ökonomischen: Grenzziehungen zwischen ‚Wirtschaft' und ‚Politik' in historischer Perspektive, in: Inga Klein/Sonja Windmüller (Hgg.): *Kultur der Ökonomie*, Bielefeld, S. 235–257.

Schumpeter, Joseph A (1954): History of Economic Analysis, New York.

Shell, Marc (2014): Islandology: Geography, Rhetoric, Politics, Redwood City.
Smith, Adam (1982): Lectures on Jurisprudence, Indianapolis.
Söllner, Fritz (2016): The Use (and Abuse) of Robinson Crusoe in Neoclassical Economics, in: *History of Political Economy 48 (1)*, S. 35–64.
Spary, Emma C. (1996): Political, Natural and Bodily Economies, in: Nicholas Jardine et al. (Hgg.): *Cultures of Natural History*, Cambridge; New York, S. 178–196.
Stäheli, Urs (2008): Ökonomie, in: Stephan Moebius/Andreas Reckwitz (Hgg.): *Poststrukturalistische Sozialwissenschaften*, Frankfurt a.M., S. 295–311.
Stavenhagen, Gerhard (1969): Geschichte der Wirtschaftstheorie, Göttingen.
Steuart, James (1796): An Inquiry Into the Principles of Political Economy. (Bd. 1), Basil.
Stiglitz, Joseph E. (2009): The Current Economic Crisis and Lessons for Economic Theory, in: *Eastern Economic Journal 35 (3)*, S. 281–296.
Stinchcombe, Arthur L. (2001): Sugar Island Slavery in the Age of Enlightenment: The Political Economy of the Caribbean World, Princeton.
Strassmann, Diana (1993): The Stories of Economics and the Power of the Storyteller, in: *History of Political Economy 25 (1)*, S. 147–165.
Stratford, Elaine (2013): Guest Editorial Introduction. The Idea of the Archipelago: Contemplating Island Relations, in: *Island Studies Journal 8 (1)*, S. 3–8.
Thill, Beate (2013): Glissants Begriffe und ihre Definitionen in Französisch und Deutsch, in: Édouard Glissant (Hg.): *Kultur und Identität: Ansätze zu einer Poetik der Vielheit*, Heidelberg, S. 71–86.
Thünen, Johann Heinrich von (1910): Der Isolierte Staat in Beziehung auf Landwirtschaft und Nationalökonomie, Jena.
Townsend, Joseph (1791): A Journey Through Spain in the Years 1786 and 1787 (Bd. 2), London.
Townsend, Joseph (1817): A Dissertation on the Poor Laws, London.
Townsend, Joseph (2011): Über die Armengesetze: Streitschrift eines Menschenfreundes, Berlin.
UCL Department of History (2018): Oxford Estate: Jamaica | St Mary, http://wwwdepts-live.ucl.ac.uk/lbs/estate/view/2380, Zugriff: 06.01.2020.
UNCTAD (2009): The Global Economic Crisis: Systemic Failures and Multilateral Remedies, New York.
Vogl, Joseph (2002): Kalkül und Leidenschaft: Poetik des ökonomischen Menschen, Zürich.
Vogl, Joseph (2007): Poetik des ökonomischen Menschen, in: *Zeitschrift für Germanistik 17 (3)*, S. 547–560.
Vogl, Joseph/Heiden, Anne von der (2007): Vorwort, in: Dies. et al. (Hgg.): *Politische Zoologie*, Berlin, 7–12.
Vuilleumier, Marc (2010): Schweiz, in: Klaus J. Bade et al. (Hgg.): *Enzyklopädie Migration in Europa: vom 17. Jahrhundert bis zur Gegenwart*, Paderborn; München, S. 189–204.
Waterman, Anthony M. C. (1998): Reappraisal of "Malthus the Economist," 1933–97, in: *History of Political Economy 30 (2)*, S. 293–334.
Watson, Matthew (2011): Competing Models of Socially Constructed Economic Man: Differentiating Defoe's Crusoe from the Robinson of Neoclassical Economics, in: *New Political Economy 16 (5)*, S. 609–626.
Watson, Matthew (2017): Rousseau's Crusoe Myth: The Unlikely Provenance of the Neoclassical Homo Economicus, in: *Journal of Cultural Economy 10 (1)*, S. 81–96.
Watson, Matthew (2018): Crusoe, Friday and the Raced Market Frame of Orthodox Economics Textbooks, in: *New Political Economy 23 (5)*, S. 544-559.
Watt, Ian P. (1997): Myths of Modern Individualism: Faust, Don Quixote, Don Juan, Robinson Crusoe, Cambridge.
Whately, Richard (1831): Introductory Lectures on Political Economy, London.

White, Michael V. (2011): Reading an Rewriting: The Prduction of an Economic Man, in: Ulla Grapard/Gillian J. Hewitson (Hgg.): *Robinson Crusoe's Economic Man: A Construction and Deconstruction*, London; New York, S. 15–41.

Wilkens, Anna E. (2011): Ausstellung zeitgenössischer Kunst: Inseln – Archipele – Atolle. Figuren des Insularen, in: Dies. et al. (Hgg.): *Inseln und Archipele: Kulturelle Figuren des Insularen zwischen Isolation und Entgrenzung*, Berlin; Boston, S. 57–98.

Wilkens, Anna E. et al. (2011): Vorwort, in: Dies. (Hg.): *Inseln und Archipele: Kulturelle Figuren des Insularen zwischen Isolation und Entgrenzung*, Bielefeld, S. 7–11.

Xenos, Nicholas (1989): Scarcity and Modernity, London; New York.

Zein-Elabdin, Eiman (2011): How Does an African Student Make Sense of Robinson Crusoe?, in: Ulla Grapard/Gillian J. Hewitson (Hgg.): *Robinson Crusoe's Economic Man: A Construction and Deconstruction*, London; New York, S. 215–231.

Zentrum für Literatur und Kulturforschung (2017): Isolation, http://www.begriffsgeschichte.de/doku.php/begriffe/isolation, Zugriff: 06.01.2020.

The manufacturer's authorised representative in the EU is Springer Nature Customer Service Centre GmbH, Europaplatz 3, 69115 Heidelberg, Germany. If you have any concerns regarding our products, please contact ProductSafety@springernature.com

Printed and bound by CPI Group (UK) Ltd, Croydon, CR0 4YY
23/03/2026
02076463-0008